増補改訂版
都市高齢者の実態

――社会福祉学としての考察――

川上　昌子

学　文　社

はじめに

　本書では，都市高齢者の一般的な生活実態と要介護の側面の実態について述べるつもりである。習志野市において，1986年から1990年までの間に市全域にわたる基礎調査と病弱老人調査，老人病院入院者調査，特別養護老人ホーム入所者調査を実施する機会を与えられた。本書，はそれらの調査結果をまとめたものである。これらの調査は，習志野市における高齢者の福祉施策に資する目的で実施を依頼されたものであるが，高齢者の調査は，私のかねてからの研究上の関心と一致するものであったし，上記のような包括的な調査を実施できたことは，大変貴重な機会であった。

　ところで，高齢者実態調査は，かねてからの関心事であったと上記したが，それは，「非貨幣的ニード」とは何か，どのように考えたらよいのか，日本の現状に照らして自分なりの考えを確かなものにしたいという社会福祉理論としての関心であった。三浦文夫氏による「貨幣的ニード」と「非貨幣的ニード」という社会福祉ニードの整理の仕方は，1970年代後半以降の社会福祉理論および政策に多大な影響力をもったといえる。三浦氏が社会福祉の主要な課題とされる「非貨幣的ニード」は，「貨幣的ニード」が選別的，差別的であるのに対して，普遍的，一般的であるとされる。国民一般，換言すれば，中流化した国民の高齢期の多様で高度な非貨幣的な「福祉ニード」への対策が社会福祉の主要課題として主張されたのである。社会福祉のニードは，そのように簡単に中流化した国民一般のニードといってよいのか。くわえて，「貨幣的ニード」は，国民所得の上昇と国民年金制度等所得保障制度の制定とその成熟にしたがって解決されるという見解にたっているが，この点の検討も必要であると考えた。

　筆者は，前に，「社会福祉と貧困」（江口英一編『社会福祉と貧困』法律文化社，1981年）というタイトルの論文の中で三浦氏の上記理論の検討をしたことがある。筆者のその論文は，「高齢」や「障害」等という世帯内の要因が貧困とつな

がることを論証したものだが，本論文では高齢者生活実態の全体を捉えることを通して先の論文を検証する事にもなる。したがって，本論文は，都市高齢者の生活実態を包括的，全体的に捉えることを第一義的に目的とするものであり，ついで，「非貨幣的ニード」について検討するものである。増補改訂版では，後者について主に加筆した。

　高齢者調査には，習志野市調査以前にもいくつか実施したり参加したりしてきた。高齢者を対象とする調査を最初に実施したのはかなり以前であり，1968年に東京都高齢者無料職業紹介所を介した高齢者の定年後の生活について調査したのが高齢者を意識的に取り上げた最初のものである。その当時は，高齢者問題への関心がやっと芽生え始めていた時である。それから，筆者の大学での担当科目である調査実習の一環として実施した1981年の一人暮らし老人の医療と福祉に関する調査（千葉市），松崎粂太郎氏を中心に実施した有料老人ホーム調査および一連の川崎市調査，なかでも1983年の川崎市調査，江口英一氏を中心とする世田谷調査などに参加して，高齢者に関する調査のフィールドワークと分析に関わってきた。また，毎年のように実施してきた低所得階層，障害者，母子世帯調査の対象者の中に必ず多くの高齢者が含まれていた。習志野市調査は，これらの調査経験に基づいて企画したものである。

　これまでの調査に関わり，既存の調査を調べた中で，また，老人福祉の政策動向について疑問に感じていたのは，家族の位置づけの問題である。

　なにより，一つに日本の家族の老後生活における関わり方の実態が十分に解明されないままに，政策のあり方が論じられていることに対してである。一方では，日本の家族形態を抜きにして高齢者のみ世帯が問題とされ，個人として捉えるヨーロッパ型のシステムが主張され，他方では寝たきり老人や痴呆老人を抱える家族について，家族万能，家族責任が説かれるという状況がある。前者は高齢者人口の急激な増加の強調ともあいまって，財政負担の過大さから自己負担・有料化の考えと結び付けられがちであるし，後者は，極端化すると公

的な社会福祉施策は無用，もしくは劣悪な処遇の特別養護老人ホームの実態に象徴されるように「残余的」で良いとする考えにつながる。高齢者と家族の関係は実態としてどうなのかを，まずは正確に捉える必要があると強く感じていたのである。

　高齢者をめぐる家族機能や家族関係については，わが国では社会学の課題として，多くの調査研究がなされていることは周知のことである。社会福祉学の課題として家族を捉えるということは，老後生活問題という観点から，経済生活の側面や家事，介護の問題を家族との関わりの中で全体として，どのように充足されているか，あるいは，いないかを明らかにすることであると考える。

　二つは，家族との関わりを，既存の調査が調査技術の点において捉えることができていないと考えられることである。調査対象者の選定にあたり，住民票か，あるいは高齢者台帳に基づいて抽出されるが，前者の場合は，高齢者のみ世帯と同居世帯の定義が明確でなく，したがってその分離が正確になされず，調査結果に曖昧な点をもつものがほとんどであること。後者を母体とする調査の場合は，個人調査となり，世帯の視点が弱い。加えて，夫婦世帯は，夫婦が同じ回答をすることになるため，たとえば，世帯類型といった客観的な事柄でさえ二重にカウントされ，これも正確な高齢者の像を与えないことになる。夫婦が揃っている世帯は相対的に生活条件がよいので，高齢者生活の厳しさが薄められることになる。

　この調査では，対象を世帯単位で設定した。個人に特有な質問はそれらの世帯に含まれる高齢者を対象とするというように，世帯調査と個人調査の二段階調査とした。このような技術的な点での問題点を排除した。

　さらに，この調査研究の意義を述べるならば，習志野市は，東京都心から30分という都心への利便性が高く，住民の多くがいわゆるホワイトカラーのサラリーマンあるいは大企業の労働者である地域の調査である点である。「中流国民」の高齢期の生活実態を捉えるにはもっとも適している地域であると考える。日本の中で比較的恵まれている経済的条件をもつところの，最上位の階層の者

も少ないが低位層も少ない、まさに中位層が厚い地域であるという点が、現代の日本の社会福祉に関する論点を実証的に研究する上で、適切な地域であった。

　社会調査の常として、この調査も共同研究として遂行されたものである。筆者のイニシアテイブのもとに大野勇夫氏（日本福祉大学教授）、平山朝子氏（千葉大学教授）、松崎粂太郎氏（故上智大学教授）、松崎泰子氏（淑徳大学教授）、岩田正美氏（都立大学教授）という社会福祉、地域看護領域の優れた研究者の方々の協力を得て実施できたこと、さらに、強調したい点は、高齢者福祉課のケースワーカー全員の協力があり、調査票づくりから調査実施段階に至るまで、ケース・ワーカーの方々との共同作業として進めることができたことで実際的かつ詳細な情報を必要に応じて得ることができ、諸便宜を図っていただけたことで包括的な調査が可能となったといえる。

　この研究は、共同研究であるので各研究者の係わりを述べておく必要があろう。まず、大野勇夫氏は、一連の調査の全ての共同研究者である。調査の企画、調査の実施、集計作業、分析の過程を共同して行った。氏は医療社会福祉の分野の専門家であり、その方面の知見は氏と地域看護の専門家である平山朝子氏に負うところが大きい。その部分の分析は本論文ではほとんど割愛している。松崎泰子氏には調査の企画と実施過程に参加していただいて多大の協力を得た。さらに、岩田正美氏には基礎調査報告書作成の文章化の段階において助力を得た。筆者が作成した第一次クロス集計を終えた段階の集計表と結論となる表を指定して「第Ⅱ部第2章　経済生活」部分の執筆をお願いした。同じく大野勇夫氏は「第3章　家族関係」と『在宅病弱老人生活実態調査報告書』の「第2章　病弱老人の医療との関係」の執筆を担当された。大野勇夫氏が執筆された基礎報告書の「第3章　家族関係」は本研究にとって特に重要であり、筆者の着眼点である高齢者の世帯間、地域間の流動関係を捉えることが出来るよう質問を作成している。「在宅病弱老人調査」の中の大野氏が執筆された分からは「第2章1．身体機能とリハビリテーション」の節を参考にしている。松崎粂太郎

氏は，課税台帳に基づく高齢者を含む世帯の生活水準分析を川上と共同で実施したが，本書には収録していない。

　さらに，淑徳大学をはじめ，他の大学からも多くの学生の参加があったことを付記しておきたい。基礎調査の約2,000世帯，3,000名の面接調査，病弱老人調査の330名の面接調査は，120名を越す学生の参加協力なしにはやり遂げられなかったものである。また，ケースワーカーの方々にとっても，この調査は主体的に取り組まれたものであり，われわれ研究者の単なる補助者であったのではない。調査結果は彼らの手でいくつかの施策に結実しているし，なかでも基礎調査は，市の全域にわたる調査であったので，調査の過程は，さながら，市の高齢者施策を広報し，援助を必要とする人々を発見していく過程でもあった。習志野市老人調査の真の推進者であったのは，ソーシャルワーカーである小林浄子氏であるといえる。敬意と感謝の念をこめて，特記しておきたい。

　この間に実施した調査のうち，基礎調査と病弱老人調査については市の調査報告書として，前者は「昭和61年度老人生活実態調査報告書」，後者は「昭和63年度在宅病弱老人調査報告書」として発表されている。本書でやるべきことは，一つはそれらの調査結果を結び付ける作業である。さらに，その後実施した老人病院調査と特別養護老人ホーム入所者調査（習志野市が措置した全数，習志野市には調査時点では特別養護老人ホームはない）の結果を加えて分析することである。本書において，調査報告書で大野勇夫氏や岩田正美氏が分担執筆された分も，氏らの分析を参考にさせていただきながら書き直した。したがって，本書の内容に関する責任および文責はすべて筆者にある。共同研究として実施した調査結果を筆者1人の研究として纏めるためには，各調査報告書に掲載されている第一次クロス集計表からさらに加工してつくられた執筆者による表については検討し，そのまま用いた表もあるが，多くの表について筆者の論旨に沿うよう，また論文としての体裁を考えて作り直しの作業をした。調査研究は，

どのように対象を選定したか，どのような質問を設定したか，作表に当たって，いかにコーディングし，表頭，表側をいかに定め，クロスしたかが重要である。それらに研究の目的と仮説が表現されるからである。したがって第一次クロス集計表によって分析内容の大枠は規定されるといってよい。表頭，表側に高齢者生活の捉え方に関する仮説が反映されるからである。とはいえ，表の読み手によってその解釈には多少の幅が生じるし，構成の組み立て方により強調する事柄が違ってくることはある。本書において特定の表に関して大野勇夫氏，岩田正美氏とたとえ同じ解釈部分があったとしても，それは当然であるし，また逆に，個々の部分の解釈の違いがあるとしてもその部分部分の違いを逐一説明することは煩瑣であるだけでなく意味のないことであると考える。共同研究として出発したが，本研究の着眼点において，また，全体のまとまりとして，本書は筆者自身の分析と解釈を示しているものである。

　最後に，本書の調査および生活分析の方法は，大学を卒業して以来，日本女子大学の助手として指導をうけた江口英一先生から調査を共にする中で学び，発展させてきた成果であることを深い感謝の気持とともに記しておきたい。調査の営為をさして「地面の餌を啄むにわとりのようだ」とは先生がしばしば語れたことである。本研究はまさにそのように，低い地面のレベルの「事実」をひたすら集めたものであり，むしろそのことに価値を置くものであることを記しておきたい。

　2003年3月

著　者

目　次

序　章　研究の課題と方法 …………………………………………………1

第Ⅰ部　高齢者の生活実態と生活条件

　　基礎調査の方法……………………………………………………………19
第1章　習志野市高齢者の一般的特徴……………………………………21
　1．調査対象の一般的属性……………………………………………22
　2．習志野市への転入時期と，出身地・前住地……………………26
　3．高齢者の社会階層…………………………………………………28
　4．世帯類型……………………………………………………………31
　5．住居の種類…………………………………………………………34
　6．収入および資産について…………………………………………36
第2章　高齢者の経済的側面………………………………………………38
　1．高齢者の収入………………………………………………………38
　2．生活の方法…………………………………………………………43
　3．高齢者の生活条件…………………………………………………63
第3章　高齢者をめぐる家族の実態………………………………………74
　1．高齢者を含む家族の特徴…………………………………………74
　2．高齢者をめぐる家族の変化………………………………………93
　3．家族問題としての高齢者問題……………………………………110

第Ⅱ部　都市における老人介護の実態

第4章　在宅病弱老人の生活実態…………………………………………115
　1．調査の目的と方法 ………………………………………………115
　2．調査対象者の一般的性格 ………………………………………118

3．病弱老人の退院時の状況 …………………………………124
　4．病弱化と介護，および老人の生活の変化 ………………130
　5．介護者について …………………………………………147
　6．家族介護の意味―寝たきりの必然性 ……………………158
第5章　老人病院，特別養護老人ホームにみる介護の社会化 …………162
　1．老人病院入院者と特別養護老人ホーム入所者の違い ……………163
　2．特別養護老人ホーム入所者の特徴 ………………………171
終　章　都市高齢者生活の特徴と介護ニードについて ………………183

あとがき ……………………………………………………………195

参考文献 ……………………………………………………………197

序　章　研究の課題と方法

　本書は，前述したように「非貨幣的ニード」について，高齢者生活の実証的研究によりながら，自分なりの考えを得たいということを動機として実施した高齢者生活に関する調査研究である。

　1．筆者自身の研究の専門領域は，貧困の実証研究であるが，低所得層を対象とする生活保護行政の分野においても，「非貨幣的ニード」が主要な課題であり，「貨幣的ニード」は必要ではないというわけではないが，今や社会福祉の主要課題ではないとする三浦文夫による消極的位置づけ方は，いわゆる生活保護行政の「適正実施」の名による生存権保障の後退にかなりの影響力をもったと考えられるのである。三浦文夫は，「貨幣的ニード」と「非貨幣的ニード」を対比的に区別し，「非貨幣的ニード」の方に今後の社会福祉政策における主要課題を見い出したのであり，社会福祉の「貨幣的ニード」を否定してはいない。しかし，社会福祉ニードを二つに明確に分離したこと，そして「貨幣的ニード」にたいしては「選別的」という性格付けをしたことは，現実には否定したのと同じ影響力をもったといえる。同時に，「ニード」の分離は，「非貨幣的ニード」の経済的側面を抜き去ることを意味し，生活問題からの規定を遮断して，政策のあり方を自由に，つまり恣意的に構想することができるようになる。そのようなことから「貨幣的ニード」「非貨幣的ニード」という二分した捉え方について，検討の必要があると考えて来たのである。ここでは，「非貨幣的ニード」の経済的側面の検討が課題である。

　社会福祉におけるサービス施策の拡大と充実の必要性は，経済の高度成長を背景に1970年頃から指摘されるようになったといえる。その最初のものは1971年に出された「福祉事務所のセンター構想」（全国社会福祉協議会，社会福祉事業法改正研究作業委員会，以下「センター化構想」という）であったといえよ

う。「センター化構想」は保護率の低下と生活保護世帯の非稼働世帯化を指摘しながら，その理由を保護世帯の中に失業や低賃金といった経済的理由によるものが減少したことによるとし，そのことから「経済的貧困」ではない貧困へ，貧困の性格が変質したとした（傍点筆者）。ほぼ同時に出された昭和45 (1970) 年度の『厚生白書』も貧困の変質を強調している。貧困対策である筈の生活保護においてさえも金銭給付の意義を軽視し，老人，障害者，母子を社会福祉の対象範疇として，老人，障害者，母子に対するサービス給付の重要性を説く提言がなされたのである。センター化構想については，ここではこれ以上言及しない。「経済的貧困」の否定とサービス施策強化の必要が一対として提言されたことがここで指摘しておきたいことである。サービス施策の充実の必要を提言したことに対しては異論はないが，「経済的貧困」をほとんど否定したことで，その後，金銭給付の面にかかわる保護行政は後退していき，今日においてさえも他の社会保障の先進国に比してきわめてスティグマが強く，多くのホームレスをうみだしていることにみられるように機能不全の状況に陥っているのである。筆者は「センター化構想」が捉えた「経済的貧困」の理解に問題があったと考えるのであるが，そのことの指摘と検討はこれまでに行ったことがある。[1)]

ともあれ，「センター化構想」は，皆年金化と国民年金の成熟予想を背景に，一方で生活保護による金銭給付政策の意義を消極的に捉え，他方でサービス給付施策の重要性を指摘したものである。

同じ捉え方が委員の1人であった三浦文夫に引き継がれているといえる。その後，三浦文夫はサービス給付の必要性についての理論的体系化に取り組んできたといえる。「貨幣的ニード」および「非貨幣的ニード」の概念を「社会福祉経営」上の操作概念としながら，「貨幣的ニード」から「非貨幣的ニード」へ課題が移りつつあるとする「非貨幣的ニード」を中心に据えた三浦文夫の福祉理論は，今日では説明する必要がないくらいよく知られており，強い影響力を持ってきたといえる。そのことが論じられている初期の論文である『現代の福祉

政策』所収の「社会福祉の転換と供給問題―とくにコミュニテイ・ケアとの係わりについて」は，1975年に書かれたものである。第一次オイルショックと第二次オイルショックの影響による失業者の増加傾向の最中にあって，いわれるところの「貨幣的ニード」を代表する生活保護は保護率を低下させていき，社会福祉政策の中で後退していったのである。

　前に筆者の「社会福祉と貧困」(江口英一編『社会福祉と貧困』所収,法律文化社，1981年)というタイトルの論文の中で上述したように三浦文夫の上記の理論の検討を試みたことがある。筆者のその論文は，「高齢」や「障害」等という要因を貧困化とつながる世帯内の要因と捉え，家族崩壊に至るその構造をシェマ化して表したものである。表面的には社会福祉ニードとして表出している高齢者や障害者の社会福祉問題は，高齢や障害という要介護の身体状況そのものではなく，近代社会における労働者世帯の家族機能の限界性と社会保険等の一般的施策の階層性との関連において，労働者世帯から，中でも低所得の労働者世帯から障害者や高齢者が社会的援護を必要とする者として，また社会的ニードを持つ者として世帯の外に排出されていること，その排出されてくる過程が貧困化の過程であることを説明したものである。そこで，社会福祉の対象として，障害者や高齢者や母子世帯が，母子世帯を除けば多くの場合は単身世帯の形態で対象となることを述べた。そのシェマはそれまでに実施してきた低所得世帯の生活実態調査，および生活保護受給者調査にもとづいて描き出したシェマである。それにより「非貨幣的ニード」の持主は同時に「貨幣的ニード」の持主であることを解明した。

　ここでまとめた習志野市高齢者調査は，「非貨幣的ニード」についての同じ問題意識の下に実施したものであり，低所得者調査から描き出したシェマが，高齢者を含む全世帯調査を通してどのように検証できるか，また，「非貨幣的ニード」をどのようなものとして捉えるべきであるか，そのことが本調査研究を通して考えたいことである。

2．研究の動機となった三浦文夫の理論について，社会福祉ニードに関連する部分に限定して触れておきたい。

まず，上述の三浦の上記の論文を忠実に要約することにしたい。社会福祉の対象をどのように規定するかと問いかけ，「いろいろ論議がありうるが，ここでは単純に自らの力では『生活』することができなかったり，あるいは『生活』の向上を期することのできない人びとというぐらいに理解しておきたい。」として「自力で生活できなかったり，生活の向上を期し得ない状態を依存性と呼」んでいる。そしてこの依存性が二つの側面との係わりの上で，「社会福祉ニードに転化されるものと考える」としている。

一つの側面は「即自的あるいは客体的に把えられる依存性」である。これを「①属人的条件に規定される場合と，②社会・経済的に規定される場合との二つに区別することが操作的に可能であ」り，属人的条件とは，高齢，傷病，障害といった身体的精神的面での障害によるものと説明している。そして依存性の「第2の側面は，③対自的ないし主体的係わりで析出されるもの」であり，即自的客体的に捉えられる依存性の解決をはかる「家族，親族，各種の地縁集団，その他の社会集団のもつ援助，扶養システムないし機能喪失，動揺によってその解決が社会的に求められる依存性」と説明されている。（文中の①②③は筆者による）社会福祉ニードは，したがって，「即自的依存性が既存の家族やその他の社会集団のもつ援助ないし扶養機能によって解決ないし支援されないところに生ずるものと考えることができる」としている。

さらに，このようなニードが社会福祉需要に転化するためには社会福祉を「恥辱」としてではなく「権利として把える風潮の増大」がなければならないとして制度の普遍化の必要を述べている。

以上のように「依存性」の社会福祉ニードへの転化と捉えたうえで，まず①について検討している。①に関連して「市場機構になじまない人びとにとって，この経済成長による所得増大には直接関係しないことになる。高齢者，障害者，傷病者，母子世帯等の貧困問題が依然として残されて」いる。つまり，

①の問題において③との係わりで問題が顕在化していること，そのことから今日の社会福祉の転換を規定する社会福祉ニードの質的変化として指摘できるとしている。

それに対して②については，所得水準の上昇，消費水準の向上にともない，「社会福祉の分野で注目しておきたいことは，経済的ニード（貨幣的ニード）から非経済的ニード（非貨幣的ニード）への移行が最近見られること」と簡単にのべ，「ここで強調しておきたいことは，この貧困問題（とくに経済的な貧困）が社会福祉の直接的課題とは次第になくなりつつあることだけである」とまで述べられている。上記文中の（ ）も傍点も三浦によるものである。

以上のように述べたうえで，「生活における経済的な側面ではなく，むしろより多様な非経済的な生活障害，不安が問題となっている」と結論づけられているのである。[3]

上の三浦の文章において「経済的」と「貨幣的」が同義語として用いられているのであるが，「経済的」と「貨幣的」は同じ概念ではない。三浦は「貨幣的」という用語を，後で詳述するように，給付における「非貨幣的」という性質別分類として用いているにすぎない。しかし，「経済的」という用語は，それに規定されるところの社会的諸現象を指すのであり，「貨幣的」側面であることもあれば，「非貨幣的」側面であることもあるのである。したがって筆者が考察しようとするのは「非貨幣的ニード」の経済的側面であり，収入や住宅の所有状況や家族形態による影響についてである。

以上の説明において，属人的条件に規定される依存性が対自的主体的係わりで析出されるのが社会福祉ニードであるとする前半の説明と，後半の具体的に説明されている際の内容であるところの高齢者，障害者，傷病者，母子世帯を貧困であるとしている説明とは矛盾すると思うのであるが，それはともかく全体の論調の流れとして，「多様な非経済的な生活障害，不安」を社会福祉のニードとして前面に押し出し，多様で，高度なニード（この論文ではマキシマムを

求めると述べてある。10年後に書かれた三浦文夫の著書『社会福祉政策研究－社会福祉経営論ノート』全国社会福祉協議会，1985年，ではミニマムに変えられている）である新しい社会福祉ニードの特性に対応するところの政策の拡大の主張へとつなげられているのである。論理の矛盾というより，事実認識の誤りといえると思うが，ともあれ，三浦は，「非貨幣的ニード」と表現することで，社会福祉におけるサービスニーズへの対応の必要についての関心を喚起したと評価できる。しかし，貧困の問題である「貨幣的ニード」は見事に後方へ押しやられたのである。

このことについて古川孝順に筆者と同じような指摘が見られる。「『貨幣的ニードから非貨幣的ニードへ』へという命題の設定を通じて貨幣に対するニーズの縮減，すなわち貧困問題の縮小を主張するかのような誤解を招いている。さらに重要なことは，一般に，福祉ニーズ論は福祉ニーズの形成過程を社会的ないし社会構造的な要素との関連において分析するという視点を欠落させることが多い。」とし「この福祉ニーズ論における社会性の欠乏が，福祉ニーズが政策対象化されていく過程において判定者となる政府や行政の役割や機能に関する理解を一面的で深みのないものにしている」というように行政の役割を変化させ，退行させたことを指摘している。[4]

以上のような三浦の社会福祉ニードに関する理論を検討するには，三浦のいう「属人的条件に規定される依存性」について，高齢社会との関連でもっとも重要視されている老人福祉の分野において検討することとし，老齢化による障害，傷病による要介護状態と，「対自的主体的係わり」とされているところの介護等を担う家族との関係について検討しなければならないだろう。本論文では高齢化と家族，そして経済的側面がいかに関わり合っているかについて分析するものである。

3．筆者の論文である「社会福祉と貧困」において分析の課題としたのは老

人世帯,障害世帯,傷病世帯,母子世帯と貧困との係わりである。それは労働者家族における老い,障害,傷病,死別離別といった要因の影響を考察することを通して貧困との関係を明らかにすることを目的としたものである。つまり,貧困とはいうまでもなく「経済的貧困」であること,これらの世帯と「経済的貧困」は切り離せないということの論証を目的としたものであり,保護世帯に見られる「非稼働世帯」の増加から「貧困の変質」とはいえないとする考えを述べたのである。筆者は,これらの世帯に社会福祉サービスも必要であるとはいえても,貧困でないとか,貧困が変質したとかはいえないと考えている。社会福祉以前の社会事業の段階,あるいはそれ以前の慈善事業の段階から,対象としてきたのは常に世帯内あるいは親族内に扶養しかつ面倒を見る者がいない老人や子供や障害者であったのであり,かれらこそが社会福祉が対象とする貧困者という範疇を構成する者であったのである。老人や傷病,障害のある単身者は,貧困層というより極貧層を構成するのである。[5]

とはいえ,老人や傷病者や障害者等を含む世帯や母子世帯のすべてが貧困なのではないことはもちろんである。河合幸尾は,「たとえば母子の生活実態ひとつとってみても,一般的にいって,低所得＝低生活水準と母子というハンディキャップは結びついているのであり,このことは高齢者の生活実態を見ても同様である。またハンディキャップ層の社会福祉に対する要求は,主に良質のサービスを無料でまたは低額でということである。」とし,「これらの層にあっては『非貨幣的ニード』も現実的には『貨幣的ニード』という形でニード化されるのである」。したがって,「『貨幣的ニード』『非貨幣的ニード』という区別は意味のないものといえる」と述べている。「非貨幣的ニード」をもつ者は「貨幣的ニード」を併せ持つのであり,それは「無料」「低額」という「貨幣的ニード」であらわれるという指摘である。[6]

上記に続いて述べられている「ハンディキャップ層が一般的に低所得層で大部分占められている」という河合の指摘については,高齢層の場合は,所得階

層分布にやや幅があり，一概に低所得層といってしまうわけにはいかないと筆者は考えている。また，三浦がいわんとしていることは，「貨幣的ニード」がなくとも「非貨幣的ニード」がある者はあり，それへの施策が必要ということである。

　話を筆者の論文「社会福祉と貧困」に戻したい。賃金制度の下における労働者世帯は，すべてが商品化していく近代社会の中にあって，家族構成員による小さな共同体を残している。貧困は，賃金制度に直接規定される低賃金や失業といった外的要因に起因するだけでなく，小さな共同体である家族内の要因の作用によっても経済生活は危機に陥る。高齢や障害や傷病や夫の死亡や離別といった家族内で生起する要因を家族の生活に作用する「内的要因」と捉え，その作用を右の図のようなシェマとして描き出した。そして，世帯内的要因の「特殊的要因」への転化・収斂のダイナミズムと筋道を「貧困化」の過程として捉え表したのである。

　世帯内の要因と貧困とを関わらしめて捉えたのは，貧困の端緒的古典的研究者といえるシーボーム・ラウントリーであるといえよう。ラウントリーが捉えたのは，世帯の家族構成員の年齢および人数の変動と生活水準の関係であり，それをライフサイクルとして描き出したのである。筆者は世帯内要因として，傷病や障害，夫との離死別等まで含めて，それらの要素がどのように生活水準に影響を与えるのか，さらに，社会福祉と関わらしめるために，どの世帯でも起こりうる「一般的要因」と少数の世帯において生じる「例外的，特殊的要因」にわけ，そしてさらに図の矢印が示すように「一般的要因」が「特殊的要因」へ「転化」するという考えを示した。平均律で動く近代社会では，たとえば，老齢といった誰にとっても起こりうる一般的要因も，特殊的要因へ転化し，さらにそのために家族崩壊して家族の外に出て，初めて社会福祉の政策対象となっているのが現実であることを論述している。大河内一男の「経済外的存在」という社会事業の対象規定は今日の社会福祉においても基本的に変わらないと

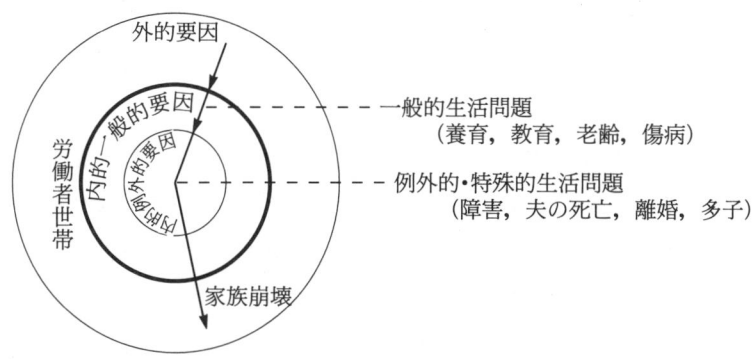

捉えられるのである。

　本書では，外化する以前と，外化し社会化したものとの状況を実態調査として捉えている。つまり在宅者を調査した基礎調査や病弱者調査と，老人病院や特別養護老人ホーム調査である。その二つの状況の対比からも日本の高齢者の生活条件の特徴を捉えたいと考えている。

　4．貧困と労働者家族との関係に関しては，筆者の最初の研究といえる「B.S.ラウントリーの貧困研究」[7]，とくに第2回調査である『貧困と進歩』についての考察[8]や，P.タウンゼントの『高齢者の親族網に関する研究』[9]など，そして多分最も古い包括的な高齢者調査といえる『昭和34年神奈川県老齢者生活実態調査』[10]から，家族に注目する着想を得たといえる。また，筆者の師である江口英一を中心とする生活・貧困調査研究では生活水準と家族形態の関係について必ず調査項目に含め分析してきている。「家族」は，消費生活の単位である世帯を構成するものであるので，生活研究に際して筆者も一貫して保持してきた関心の側面である。本書では，これまでに研究，分析してきた世帯を構成する家族形態と生活水準との関係だけでなく，家族機能や多様な経済的側面との係わりをも含め捉えたいと考えている。

　経済学の方法に基づく生活研究では，家族を消費の単位の「世帯」として捉え，その生活水準や生活構造の研究がなされてきている。だが，世帯の中での

育児や老人,病人の世話といった家族機能に関しては十分留意してきたとは言い切れない。そこでは生活が営まれているのであり,日々の必要を満たす財貨やサービスの購入の必要と世代的再生産のためのそれとがある。そうした消費行為を通して労働力が再生産されていく。経済学による分析では,賃金による財貨,サービスの購入と消費の関係,つまり賃金の額と消費の水準が直接的に結びつけられて考察されてきたといえる。生活水準が低いということは賃金が低いということというようにである。基本的にはそうなのであるが,賃金を得ることと消費の間には生活の営みがあり,家事労働がある。近代社会になってからも,時代をさかのぼれば上るほど,世帯内で,カギ括弧付きで表現する必要があろうが,「生産」が行われてきたのである。材料や原料を購入して,食べたり,着たりできるように家庭内で加工してきたのである。消費できるようにする生産的営みは家庭生活の中で大きな比重を占めていたといえる。購入即消費では必ずしもない。

　さらに,家事労働は,生産的労働だけではなく,清掃や洗濯,育児,病人老人の世話といったサービス的性格をもつ労働も担ってきたのである。商品化の進展とともに家事労働の生産的労働部分から急速に外化,社会化が進んだといえよう。資本主義化と同時に登場した繊維産業の登場により,労働者家計からは布,糸,衣服を商品として購入する費用を支出するようになった。サービス的性格の労働は近年になってからであるが,洗濯や清掃といった部分は洗濯機,掃除機という購入できる価格の電化製品の購入により家事労働の軽減が進んでいる。これらは家事労働に代わる電化製品という商品の購入形態による家事労働の外部化,社会化である。
　これらに比して商品に換わりにくいのが育児,老人病人の世話の部分である。外化・社会化するにはサービス労働そのものを商品として購入するか,公共サービスの提供を受けるかである。これらのサービスの購入費を労働者家計が負担できないということが,公共サービスとしての提供を求める理由であろう。

労働者家計（老後を含む）が負担できるようであれば，つまり，江口英一が三浦文夫を批判して指摘しているように，いわゆる福祉サービス業も平均利潤を得られれば，社会的分業が進んでいくはずである。[11]

つまり，育児や介護は，労働者家計が負担できない問題，つまり支払い能力を超える問題として捉える必要がある。そして，福祉サービス業が分業化しえない経済的条件の下で，その問題が小さな共同体である家族の中で，家族機能としていかに対処されているかという視点でもって問題を捉えることが必要であろうと考える。

5．高齢者の生活状況は，社会階層や勤労収入の大きさと関連させて捉えることができる現役労働者の生活問題と異なり，生活の諸側面から全体的に捉えなければならないと考える。ということは生活の諸側面が総合的に関係づけられ明らかにされなければならないということである。そのような視点で研究された先行研究として，松崎粂太郎の著書『老人福祉論－老後問題と生活実態の実証研究－』をあげることができる。[12]

日本の老後生活の問題としては，主として，一人暮らし等老人のみ世帯の問題であるとか，寝たきり老人や痴呆老人を介護する家族の問題とか，というようなトピックスについての問題提起がなされてきたといえる。調査としてはそれらの特定の問題の状況を明らかするとか，施策への要望を捉えるアンケート調査がなされてきたといえる。

総合的な調査としては，地方自治体による高齢者生活実態調査をあげることができる。上記松崎粂太郎の著書において最も中核となる部分は，東京都による『昭和52年老人福祉基礎調査』の再集計による分析である。筆者も，習志野市の調査に取りかかるに際して既存の調査を収集したが，その中で東京都の『昭和60年度老人の生活実態－東京都社会福祉基礎調査報告書』はもっとも参考にした調査である。調査項目の大きな柱は，基本的属性，健康と医療，家族関係，就労状況，経済状況，社会福祉に関する意識と日常生活，要介護老人の生活実

態，一人暮らし老人の生活実態であり，高齢者調査として必要な側面を網羅した総合的な調査といえる。調査報告書はそれぞれの項目について状況が説明されているが，項目間を関係づけた分析は十分なされているとはいえない。

　松崎はいわれるところの「高齢社会」とは単に高齢者数の増加を意味するのではなく，もっと広範囲な国民生活全体に関わる問題という重要性をもつ問題として捉える必要があるにもかかわらず，「具体的に，また直接的に目に見えず」，イメージ的にしか考えられていない。しかもその推移は急速とはいえ，表面に現れにくい。だから，今日すでに老後生活を送っている人の「生活問題」を的確に明らかにすることが求められているとし，その上で，安定性，自立性，孤独でないことという老人福祉の原理が保全されているかを検討することが生活問題研究の課題であると述べている。政策や施策を論じる前に，まず生活問題を的確に捉えるべきとする松崎の考えに筆者も共感するものである。三浦の理論の検討のためにも老後生活の実証研究がまず重要と考える所以である。[13]

　老後生活の研究の方法として，松崎は「生活階層」という概念を用いている。「生活階層」概念そのものの説明はなされていないが，その生活階層を規定する要因として居住水準，健康状態，所得水準の3側面をあげて，それぞれを3段階に階層化して，順列組合せで27個の組み合わせを設定し，それらと世帯類型および就業形態との関係をクロスさせ，件数として大きな値になる場合に着目するという方法である。自然科学的ともいえる分析手法であるが，所得水準の階層化に保護基準を用いるとか，居住水準の階層化にも部屋数や風呂の有無といった松崎のこれまでの生活調査の知見が生かされている。そのような方法で生活の全体を捉えようとしている。そのような方法を採る理由は「高齢者は，本質的にいちおう労働力を失い，一般的には労働に従事しないのであるから，その身上・状態を決定する第一の要因は『家庭』であり，一定の所得に支えられる世帯＝家族のあり方，さらにその中での高齢者の地位とあり方ということであろう」，さらに，「老後生活問題への接近として，消費生活＝家族・世帯生

活から迫っていくのが妥当であることは間違いない」と述べている。[14]

　松崎の高齢者の生活実態に関する実証研究の結果は，松崎の著書の中の「第Ⅳ章　今日の高齢者世帯の生活実態とその問題点」と「第Ⅴ章　地域における老人世帯の所得，健康，住宅および就労の実態」に掲載されている。前者は昭和52年東京都老人基礎調査の再集計による分析結果であり，後者は筆者も関わった川崎市調査の分析結果である。

　高齢者調査は，松崎が筆者より先行して実施しており，量的にも数多くの調査に従事されている。だが，松崎の調査の分析結果の論文を読むことを通して学ぶというより，筆者は調査を共同研究として参加させてもらう中で学ばせてもらったことの方が多いといえる。上記の著書の発行年次と筆者達の基礎調査の発行年次とは同じである。日本の高齢者問題に関しては何より生活実態を実証的に明らかにすべきであるとする発想や，生活実態は多側面を総合して捉える必要があるとする考えは松崎と筆者とはもともと共通していた点である。本書において重要な分析上の指標である世帯類型の分類は，川崎調査で用いた松崎による世帯類型の分類を踏襲していることを記しておきたい。

　6．以上をふまえて，高齢者生活を捉える本調査研究の具体的視角を付記しておくことにする。筆者は，松崎ほどには分析方法を定型化してはいない。
　筆者の調査の課題は，東京都心に近い住宅街である習志野市における高齢者の生活実態を明らかにし，生活条件がどのようであるかを具体的にとらえることである。それゆえに，とった方法は，ニードに関する意識調査ではなく，つまり意識化された要望や意識化された生活障害についてのアンケート調査ではなく，生活の状況を客観的に明らかにすることを通して，必要な生活条件をとらえることを意図したものである。

　高齢者の生活実態の把握を通して「必要な生活条件」をとらえるとは，高齢者の生活の諸類型ないし，諸差異を明らかにすることであると考える。高齢期というのは，一般的には，経済的に，身体的に自律性を減退，喪失していく過

程であるが，高齢者の過去の社会経済的地位，年金，資産，家族を中心とした諸人間関係，健康，身体状況によって，生活の状況は一様ではないであろう。とするならば，高齢者のための施策もおのおのにとって異なった意味をもってくるに違いない。したがって，何よりも，高齢者生活の諸類型やその差異の内容を明らかにしなければならないことになるだろう。

　まず，第一に，生活の差異は，やはり経済基盤の差異に左右されるであろう。そして経済的基盤は，個々人が老齢退職するまでに従事してきた職業に，第一義的に，規定されると考えられる。どのような労働生活を経過してきたのか，その間での資産（持家その他）形成の度合いや，どのような種類の公的年金の受給をするようになったのかである。それによって，家族の構成や家族関係までも規定される傾向がある。老後生活にとっては，年金と，住宅が自分名義の持ち家かどうかが重要であると考えている。

　しかし，社会階層による生活水準や内容の差異は，基本的にそうだということであって，現在の大都市生活者においては土地を中心とした資産の保有による影響も無視できない。ベッドタウン化の進行とともに，農地としては不十分な面積であったものでも，宅地需要の顕著な増大につれて，それが大きな資産と化してきている。また，もともと宅地として取得された場合でも，戦後の早い時期に，広い面積を取得した者は，今ではそれなりに資産保有者となっていよう。そしてそれらの土地資産は，そのまま保有されてきたのではなくて，必要に応じてアパート経営や商店経営等の資金とされたり，子弟の教育費とされている。その結果，生活水準および社会階層の著しい上昇となった者がある（もちろん，下降ケースもあるが）。

　さらに，経済基盤が十分であるかどうかは，生活費としてどの位の金額が必要なのかによる。ところが高齢者の場合，小さい枠組の生活様式から現代的なお金のかかりの大きい生活様式へ移行する過渡期にある。目下は個々人により，まちまちの状況といえるだろう。生活枠組みの相違というのは，同じ金額の収入でも，十分な生活ができる場合とできない場合があるということであり，金

額のもつ意味が異なるということである。概していえば，まだ，つつましい生活の仕方の者の方が多いであろうと予想される。この点に関しては，しかしながら家計調査ではないので，今回の調査の課題ではない。とはいえ，やはり貨幣額の一定額を尺度として，それより生活水準が上であるとか下であるとか，十分な収入があるとかないとかをとらえざるを得ないが，上記の理由から適切でない部分を含みながらも，仮にとらえるということで進めている。[15]

　また，上記の必要生活費の大きさに関連して，同居世帯における高齢世代と子供世代の家計の分化の問題がある。分化し，自立度が高まるほど，必要な生活費は高額となることになる。

　第二点としては，家族ないし世帯の問題である。わが国の高齢者の生活は，概していえば子供世帯との関係を抜いては，いまだ考えられない。しかし，その子供世帯との関係が，社会的規範として動揺期にあり，また，客観的な条件としてみても，親の経済力の上昇に対して，子供世帯の方での経済的介護的扶養能力の減退があり，加えて，労働力の流動性の高まりにつれての子供世帯の地理的距離の遠隔化や居住地の不定性の問題がある。子供世帯との同居・別居の相互移動関係は，そうした背景の中で，少なからず流動的であり，暫定的であるようである。その状況を把握することは，したがってむずかしいことだが，高齢者の生活の重要な側面として，とらえられなければならない。そしてその意味を探っていかなければならない。習志野市は地理的な面から同居にとって有利である。

　世帯の問題について，従来の老人福祉行政では，同居・別居という二分法で単純化し，別居世帯の方にもっぱら対処すべき対象を見い出してきたきらいがあるが，別居といっても，暫定的別居と永久的別居がある。また，同居も，経済的，人間関係的に余裕のある同居から，家族崩壊にむすびつきかねない無理をかかえた同居まである。今回の調査では，同居世帯の中にある高齢者の方に，むしろスポットをあてなければならないと考えている。[16]

第三に，年齢世代による差異である。年齢世代による差異は，一つには，身体的機能の差異である。前期高齢期・後期高齢期という分類がなされるが，この分類の発想は主として身体的なものであり，たとえば，74歳以下と75歳以上にわけて，ケアサービスの主たる対象を後者に見い出していくのだが，われわれも，74歳以下と75歳以上にまずは大きく二分している。しかし，われわれの場合には，年齢による分類は，身体状況の大まかな指標であると考えるからだけでなく，時代の反映の仕方の違いとしてもとらえている。戦争や，経済の高度成長，公的年金の成熟等の社会的過程が反映されているのである。経済の高度成長の影響は，子供世帯まで含めて考える必要がある。75歳以上は，戦争により生活基盤の根底からの変化や，経済の高度成長の影響もあわせて，どちらかというとマイナスの方への影響をうけた者が多いのに対して，74歳未満層の方は，戦後の経済繁栄の方の影響をより多くうけ，また，年金額も75歳以上層と比べるならばかなり改善されていよう。

　つまり，高齢者はいわば二重に時代の影響をうけているわけである。一つは，高齢期以前に経験する時代であり，その過程の中で高齢期のためにどのような生活基盤を蓄積できるかであり，もう一つは，高齢期に達した時にどのような年金をはじめとする諸社会福祉サービスを享受できるのかである。時代的な変動の激しいわが国では，ライフサイクルのステージにおいてとらえるだけでなく，時代との関係という複合的な時間の視点を必要としよう。長期的な政策展望のためには，二重の時代の視点が必要とされると思われる。[17] 調査対象者を，通常のように65歳以上ではなく60歳としたのは，60歳の定年退職に一つの大きな高齢期への区切りがあると考えるからである。[18]

　以上，種々の生活類型，差異が生じてくると考えられる要因について述べたが，以下は，以上のような視角に依りながら分析するが，その結果は，しかしながら，調査対象である高齢者の生活が，上述してきたことからわかるように，今現在での流動性がきわめて高いので，その定形性をとどめにくい対象物をいかに類型化するか，それは，かなり難しい作業である。むしろ，性急な類型化

は避ける方が良いと思うのである。できるだけ多面的にとらえ説明すること，そして考察することを，この調査研究の基本的態度としたいと考えている。[19]

注）
1) 川上昌子「Ⅰ 生活保護世帯の推移と実態」日本社会政策学会年報第31集『日本の労使関係の特質』御茶の水書房，1987年
2) 三浦文夫「社会福祉の転換と供給問題－とくにコミュニティ・ケアとの係わりについて－」社会保障研究所編『現代の福祉政策』東京大学出版会，昭和60年を参照した。三浦文夫氏の著作は多数にのぼるが，氏の理論の基本的な輪郭はこの論文において示されていると思われる。
3) 三浦文夫「社会福祉の転換と供給問題－とくにコミュニティ・ケアとの係わりについて－」社会保障研究所編『現代の福祉政策』東京大学出版会，昭和60年，pp.74～76
4) 古川孝順「社会福祉の対象」古川孝順・庄司洋子・定藤丈弘著『社会福祉論』有斐閣，1993年，p.149。古川は誤解といっているが誤解ではないのではないだろうか。
5) 川上昌子「社会福祉と貧困」江口英一編『社会福祉と貧困』法律文化社，1981年。日本の生活保護は今日でも収入と資産が限りなくゼロでなければ適用されない。
6) 河合幸尾「現代社会福祉の対象」河合幸尾，宮田和明編『社会福祉と主体形成－90年代の理論的課題』法律文化社，1991年，p.182
7) 川上昌子「社会福祉と貧困」江口英一編『社会福祉と貧困』法律文化社，1981年
8) 川上昌子「B・S・ラウントリーの研究」日本女子大学文学部社会福祉学科紀要『社会福祉』8号
9) P.タウンゼント著（山室修平訳）『居宅老人の生活と親族網－戦後東ロンドンにおける実証研究』垣内出版，1974年
10) 神奈川県『昭和38年老齢者生活実態調査報告書』
11) 江口英一「序 社会福祉研究の視角」『社会福祉と貧困』法律文化社，1981年，p.37
12) 松崎粂太郎『老人福祉論－老後問題と生活実態の実証研究』光生館，1986年。世帯類型係については，生活研究の重要な主題として，龍山京，江口英一らにより追究されてきた。江口調査において社会階層はよく知られているが，生活調査の分析において，基本的に社会階層とともに世帯類型が常に用いられている。江口英一の論文「家族構成と生活水準」（『講座社会保障』第一巻，至誠堂）は，家族構成が生活水準を表す側面と生活水準を規定する側面があることをと

らえた研究である。世帯は消費生活の単位という以上の社会的性格をもつものである。

13) 同上書，pp.1〜3
14) 同上書，pp.61〜62
15) 「国民の中流化」を肯定的に捉えるか，懐疑的に捉えるかはともあれ，平均的な所得水準の上昇が生活の平準化をもたらしたとする考えが一般的である。しかし，生活水準の平準化は所得水準の上昇，平準化の結果というよりは生活様式の標準化，つまり，社会的に必要とする生活費に引きずられていると考えられる。
16) 清水浩昭『高齢化社会と家族構造の地域性』時潮社，1992年，pp.64〜69に「晩年型同居」の指摘有り。松崎粂太郎・山崎清・川上昌子『老人福祉施策のあり方に関する調査』川崎市，1983年での川上による別居後同居の指摘の方が早い。この研究においては，世帯類型は，基本的な分析のツールである。
17) R.M.チイトマスが『社会福祉政策』恒星社厚生閣（三友雅夫訳）の第6章において展開している「社会的時間」の概念は，社会福祉の公的責任と普遍主義を考えていくに際して論拠となると考える。
18) 佐藤嘉夫も高齢者研究において60歳以上を高齢者としている。その理由を「公認の労働から引退年齢＝社会経済的に規定された年齢，すなわち資本により『合理的』に認知された労働力衰退年齢という『社会的老齢』」と説明している。「都市老人の生活と貧困」『老年社会学Ⅱ』垣内出版，p.348
19) 習志野市調査以前に実施，参加した高齢者調査は，以下のとおりである。これらの調査の経験を基に，習志野市高齢者生活調査の枠組みをつくることができた。1．1968年調査の結果は，その一部を「ライフサイクルと生活設計」一番ヶ瀬康子編著『家計と生活』，読売新聞社所収の中で資料として用いている。2．一人暮らし老人調査，1981年実施，報告書はない。3．『全国有料老人ホーム実態調査』全国有料老人ホーム協会，1983年。4．松崎粂太郎・山崎清・川上昌子『老人福祉施策のあり方に関する調査』川崎市，1983年。5．江口英一・河合克義・佐藤嘉夫・松崎粂太郎・川上昌子『地域福祉の確立をめざして―巨大都市の福祉充足のあり方に関する調査報告書』東京都職員労働組合，1988年。上記の中で，本書ともっとも係わりがあるのは，4の川崎市調査である。

第Ⅰ部　高齢者の生活実態と生活条件

　第Ⅰ部は，1986年に実施した高齢者の習志野市全域調査によりながら，都市高齢者の生活実態と生活条件を明らかにするつもりである。全域調査を以下では基礎調査ということにする。

基礎調査の方法

　第Ⅰ部は，基礎調査の分析である。分析に先立ち，基礎調査の調査方法について説明しておきたい。それは，以下の通りである。

1）調査対象の選定と回収

　ここでは，最初に実施した基礎調査についてのみ，あらかじめ，調査方法を述べておくことにする。他の調査の方法についてはその部分の分析のところで述べることにする。基礎調査の調査対象は，習志野市全域に居住する60歳以上の高齢者を含む世帯である。調査対象の選定は，老人福祉課に常備されている，60歳以上の高齢者名が町ごとにリストアップされている昭和61年4月1日現在の高齢者名簿に基づいて行った。高齢者の世帯代表者を定め，その年齢により60歳〜74歳と，75歳以上の二つのグループにわけた。そして，60歳〜74歳は5分の1，75歳以上は2分の1を目安に，無作為に抽出し，対象とした。高齢者の代表者とは，夫婦であれば夫を，高齢者が同一世帯に二世代であれば，年長の世代のものを原則として代表としている。

　調査対象世帯数および回収数は，次の表の通りである。

全世帯数			調査対象世帯数			調査完了世帯数		
計	60〜74歳	75歳〜	計	60〜74歳	75歳〜	計	60〜74歳	75歳〜
9,238	5,683	2,555	2,701	1,419	1,282	1,996	1,008	988

　60歳以上の高齢者を含む全世帯9,238世帯のうち1,996世帯21.6％を調査できたことになる。

　養護老人ホーム「白鷺園」の入所者は調査対象から除外した。調査不能は615世帯であったが，その内訳は，不在227世帯，入院入所中26世帯，転出48世帯，拒否207世帯，その他，住居がみつからないもの50世帯である。回収率は60〜74歳が71.0％，75歳以上が77.1％であった。

2）調査の方法，時期，集計方法

　調査は，世帯票と個人票の二種類を用意し，各世帯を訪問して面接調査により回答を得た。面接調査にあたったのは，淑徳大学で社会福祉学を専攻する学生および千葉大学看護学部教員，淑徳大学社会福祉学部教員，そして習志野市役所「老人実態調査プロジェクトチーム」の職員である。調査期間は，昭和61年7月21日から8月11日までを中心に，さらに回収の悪い地域については10月に追加調査を実施した。

　実態調査の集計作業は，淑徳大学のメンバーで実施した。千葉大学情報処理センターの大型コンピューターを使用することができ，同大学工学部橋本明浩氏，千葉大学看護学部中野政孝氏から多大な援助をいただいた。

第1章　習志野市高齢者の一般的特徴

　最初に，調査対象者の一般的性格について述べ，あわせて，習志野市に居住する60歳以上の高齢者を含む世帯，および高齢者の特徴の概略を述べることとする。この基礎調査は無作為抽出による習志野市全域にわたる調査であり，習志野市の高齢者の全体的な特徴を表すので，調査対象者の一般的性格は，同時に習志野市の高齢者の全体的特徴を意味する。そこで，一つの独立した章として述べることにしたい。

　この調査の特徴は，調査対象を，まず，世帯とした点にある。老人の生活の実態をとらえるという目的からして，なによりも高齢者がどのような世帯の中でどのように生活しているのかを明らかにする必要があると考えたからである。その上で，個人生活がどのようであるかをみていきたいのである。そこで調査対象は，まず，世帯を抽出して調査対象とし，そして次に，その世帯に含まれる60歳以上の高齢者について個々人に関する事項を聞きとっている。したがって調査票は，世帯票と個人票の二種類からなる。以下の調査結果をみていくうえであらかじめ注意しておきたいのは，調査対象世帯を抽出するに際して，世帯の高齢代表（世帯の中で，高齢者世代が二世代であるときはより高齢の方を代表とし，夫婦のときは夫を代表としている）の年齢により，二段階の異なる抽出率としたことである。つまり，高齢者代表が60歳～74歳の場合には5分の1の抽出率とし，75歳以上では約2分の1としている。そのため，表の作成と分析にあたっては，原則として，74歳以下と75歳以上に二分してすすめている。結果表作成にあたり，両者をあわせた単純計も表記しているが，本来は抽出率が異なるので合算するわけにはいかない性質のものである。しかし，数字の絶対的意味ではなく，この調査分析の中での諸類型間の相互比較材料として使用し，相対的関係を捉えるために便宜的に用いることは，さしつかえないであろう。ともあれ，年齢「計」の示す傾向は，抽出率の高い75歳以上の方にやや引

きよせられることに,注意を要する。

1. 調査対象の一般的属性

1) 高齢者を含む世帯数と高齢者の人数

調査回収された世帯数は,1,996世帯で,その世帯に含まれる60歳以上高齢者の人数は2,759人である。

上述したように,調査対象世帯は,高齢者代表者の年齢二階級にわけて抽出しているので,以下の分析に先だって,この章では,できるだけ,二階級別抽出率×回収率の逆数を調査結果に乗じて母数に還元した「推計値」を算出し,特徴を述べることにしたい。

いくつかの基本的指標については,昭和60年度の国勢調査結果と比較することができる。本調査対象世帯抽出のための材料とした高齢者名簿は,昭和61年4月1日現在のものであり,昭和60年の国勢調査の時期とほぼ一致し,比較資料として好都合である。

さて,上記の方法で推計すると,9,238世帯,12,694人となる。国勢調査では,60歳以上の人数はすぐわかるのでその方から先にみると60歳以上人口は12,490人である。世帯数は,「65歳以上親族のいる世帯」しか国勢調査ではわからないので,本調査結果もそれにあわせて推計すると,国勢調査の結果が6,423

表1-1 高齢代表者の男女別世帯数　　　　　　　　(世帯数)

		調査世帯			推計値		
		60～74歳	75歳～	計	60～74歳	75歳～	計
世帯数	男	661	460	1,121	4,382	1,190	5,572
	女	347	528	875	2,301	1,365	3,666
	計	1,008	988	1,966	6,683	2,555	9,238
%	男	65.6	46.6	56.1	65.6	46.6	60.3
	女	34.4	53.4	43.9	34.4	53.4	39.7
	計	100.0	100.0	100.0	100.0	100.0	100.0

注)推計値は,60～74歳は15,083,75歳以上は38,669の逆数をかけて求めたもの。
　　以下の表の推計値はすべて同じである。

世帯に対して，本調査結果は，6,739世帯である。ほぼ類似した結果が得られている。

2） 高齢代表者の男女別構成と年齢別構成

調査回収された1,996世帯の年齢二階級別高齢代表者の男女別の内訳は，表1－1の通りである。60～74歳は1,008ケースで男子代表者世帯が661世帯，女子代表者世帯が347世帯であり，75歳以上は988世帯で，男子代表者世帯が460世帯，女子代表者世帯が528世帯である。

この結果に，抽出率回収率（60～74歳は0.15083，75歳以上は0.38669）の逆数をかけて，母集団に還元すると，その推計値は表の右側のように，60～74歳は，6,683世帯，そのうち男子が4,382世帯，女子が2,301世帯，75歳以上は男子が1,190世帯，女子が1,365世帯となる。合計では，男子が5,572世帯60.3％，女子が3,666世帯39.7％である。

つぎに，高齢代表者の年齢は，表1－2の通りである。推計値でみて，60～64歳が2,500世帯27.1％，65～69歳が21.7％，70～74歳が23.5％，74歳までの小計を求めると72.3％となる。それに対して調査世帯そのものでは，74歳以下は1,008世帯で50.5％である。

さらに，75～79歳は15.8％，80～84歳は8.1％，85～89歳は3.0％，90歳以上は0.8％で，小計が27.7％である。

推計値の年齢カーブが，65～69歳のところでやや凹型になっているが，この年齢層のものが習志野市において本来少ないのか，調査の際，その部分が集中的に欠落したのかであるが，後掲の表1－4にみられる個人の年齢構成には欠落はない。高齢者代表という特殊な指標についてのものであるため，65～69歳の年齢層のところで男子の代表者から男子代表者の死亡によって女子の代表者へ移る者が多いことをあらわすと推量される。

調査世帯の年齢階級分布の特徴は，75～79歳が562世帯28.2％と多いことで，この点は以下の分析で気をつけなければならない点である。

表1-2 高齢代表者の年齢 (世帯数)

	調査世帯		推計値	
	世帯数	%	世帯数	%
60 ～ 64 歳	377	18.9	2,500	27.1
65 ～ 69 歳	303	15.2	2,009	21.7
70 ～ 74 歳	328	16.4	2,175	23.5
小　　　　計	1,008	50.5	6,683	72.3
75 ～ 79 歳	562	28.2	1,453	15.8
80 ～ 84 歳	289	14.5	747	8.1
85 ～ 89 歳	107	5.4	277	3.0
90 歳 以 上	30	1.5	78	0.8
小　　　　計	988	49.5	2,555	27.7
計	1,996	100.0	9,238	100.0

表1-3 男女別構成 (人)

本人性別	高齢代表者年齢	60～74歳	75歳～	計	昭和60年国勢調査　習志野市
調査数	男	670	481	1,151 (41.8%)	
	女	710	890	1,600 (58.2%)	
	計	1,380	1,371	2,751 (100.0%)	
推計値	男	4,442	1,244	5,686 (44.8%)	5,390 (43.2%)
	女	4,707	2,301	7,008 (55.2%)	7,100 (56.8%)
	計	9,149	3,545	12,694 (100.0%)	12,490 (100.0%)

注）不明8ケースを除く。

3) 男女別構成と年齢構成

次に，調査世帯に含まれる高齢者の男女別構成と年齢構成をみることにする。まず，男女別構成は，表1-3のようになる。推計値では男子が5,686人，女子が7,008人である。昭和60年の国勢調査では60歳以上の男子は5,390人，女子が

表1-4　本人の年齢構成　　　　　　　　（人）

本人年齢	調査人数	推計値(%)	昭和60年国勢調査			
			習志野市実数(%)	左の総人口比(%)	全国の総人口比	市部の総人口比
60〜64歳	625	3,845 (30.5%)	4,027 (32.2%)	3.8%	4.5	4.2
65〜69歳	485	2,984 (23.7%)	3,029 (24.3%)	2.9%	3.5	3.2
70〜74歳	489	2,729 (21.6%)	2,534 (20.3%)	2.4%	2.9	2.7
75〜79歳	676	1,834 (14.5%)	1,662 (13.3%)	1.6%	2.1	1.9
80〜84歳	309	823 (6.5%)	860 (6.9%)	0.8%	1.2	1.1
85〜89歳	114	315 (2.5%)	378 (3.0%)	0.4%	0.6	0.6
90歳以上	31	88 (0.7%)				
計	2,729	12,618 (100.0%)	12,490 (100.0%)	11.9%	14.8%	13.5%

7,100人であり，本調査では，男子がやや多く，女子がやや少ないということであるが，大きな誤差ではない。男子が44.8%，女子が55.2%という構成である。

年齢構成は，表1-4の通りである。推計値の数字は，国勢調査とほぼ一致している。推計値でみて，74歳以下を合算すると，9,558人となり，75歳以上は3,060人である。平均年齢を加重平均で求めると70.2歳となった。

国勢調査により，全国および市部と比較すると，習志野市の60歳以上高齢人口の対総人口比は，全国が14.8%，市部が13.5%に対して11.9%とかなり低い。また，各年齢階級別にみても，習志野市はおのおの低い比率である。いわゆる65歳以上人口の総人口比で示される高齢化率は，全国が10.3%に対して，習志野市は8.1%である。ちなみに東京都は8.8%である。

表1－5　高齢者本人の習志野市への転入時期　　　　（人）

高齢代表者の年齢 / 転入時期	調査数			推計値					
				人数			%		
	60～74歳	75歳～	計	60～74歳	75歳～	計	60～74歳	75歳～	計
1.大正以前	157	197	354	1,041	504	1,545	11.4	14.4	12.7
2.昭和	1,179	1,145	2,324	7,818	2,931	10,748	85.4	83.5	84.6
(1)19年以前	99	151	250	656	387	1,043	7.2	11.0	9.3
(2)20～29年	237	198	435	1,571	507	2,078	17.2	14.4	15.9
(3)30～34年	118	106	224	782	271	1,053	8.5	7.7	8.3
(4)35～39年	151	129	280	1,001	330	1,331	10.9	9.4	10.1
(5)40～44年	208	190	398	1,379	486	1,865	15.1	13.8	14.5
(6)45～49年	142	105	247	941	269	1,210	10.3	7.7	9.1
(7)50～54年	93	81	174	616	207	823	6.7	5.9	6.4
(8)55～59年	97	138	235	643	353	996	7.0	10.1	8.7
(9)60年以後	26	30	56	172	77	249	1.9	2.2	2.0
不明	8	17	25	53	44	97	0.6	1.3	0.4
3.不明	44	29	73	292	74	366	3.2	2.1	2.7
計	1,380	1,371	2,751	9,149	3,510	12,659	100.0	100.0	100.0

注）表中以外の不明　8ケース。

2．習志野市への転入時期と，出身地・前住地

　習志野市の高齢者達がどのような人びとなのかをみていくにあたり，まず，いつ頃から習志野市の住民になったのかをみることにしよう。

　習志野市への転入時期は表1－5の通りである。大正以前は，親の代以前からのものがほとんどであろうが12.7％であり，昭和に入ってからは9割弱が，本人が転入して，習志野市民になっている。戦前に転入したものは9.3％，20年代は15.9％，30年代は18.4％，40年代が23.6％，50年代が15.1％，60年代に入ってからのものが2.0％である。つまり，昭和40年代の転入者がもっとも多いということであるが，その時期の転入者の集中度がきわだって高いわけではなく，戦後のいずれの時期にも連続的に転入者があったということである。したがっ

表1－6　高齢者本人の義務教育終了地

義務教育終了地	人　数（人）			比　率（%）		
	60～74歳	75歳～	計	60～74歳	75歳～	計
1. 習　志　野　市	203	138	341	12.5	12.2	12.4
2. 千葉,市川,船橋,柏,八千代鎌谷,松戸市,東京区部	489	290	779	30.3	25.6	28.4
3. その他の千葉,東京,神奈川	222	156	378	13.7	13.8	13.7
4. そ　の　他　の　関　東	130	120	250	8.0	10.6	9.1
5. 東　　　　　　　　北	136	101	237	8.4	8.9	8.6
6. 北　　海　　道	46	20	66	2.8	1.8	2.4
7. 中　　　　　　部	154	119	273	9.5	10.5	9.9
8. 近　　　　　　畿	48	45	93	3.0	4.0	3.4
9. 中　　　　　　国	29	30	59	1.8	2.7	2.1
10. 四　　　　　　国	16	4	20	1.0	0.4	0.7
11. 九　　州,　沖　縄	70	46	116	4.3	4.1	4.2
12. そ　　の　　他	2	5	7	0.1	0.4	0.3
不　　　　　　明	75	57	132	4.6	5.0	4.8
計	1,620	1,131	2,751	100.0	100.0	100.0

注）表中以外の不明　8ケース。

て，転入時の年齢も分散するであろうが，現在の高齢者の場合，若い10歳代，20歳代から住んでいたものは少ないといえる。50年代以降の転入者が17.1%となるが，それは明らかに，60歳以上になってから，あるいは60歳近くになって転入してきているものである。

　次の表1－6は，義務教育終了地である。つまり，出身地ということであるが，習志野市の者は，12.4%である。この表は，これまでの表のように推計値を計算していないので，表1－7と多少ずれるが，習志野市の出身であるものが，ほぼ12%である点は同様である。2.千葉市，市川市，船橋市，柏市，八千代市，鎌ケ谷市，松戸市，東京区部は，習志野の周辺市及び東京ということだが，28.4%と非常に多い。3.および4.の関東地区を加えると，51.2%と半数以上が関東出身者である。それに上の習志野市を加えると63.6%になる。関東

表1－7　前住地　　　　　　　　　　(%)

前住地	本人の年齢 60～74歳	75歳～	計
1．東京区部，千葉，市川，船橋，八千代，鎌谷，松戸市	61.6	59.1	60.7
2．その他千葉，東京，神奈川県	20.9	20.1	20.7
3．その他の関東	4.5	7.1	5.5
4．東北	2.2	3.1	2.6
5．北海道	1.9	1.7	1.8
6．中部	3.8	4.1	3.9
7．近畿	1.4	1.6	1.5
8．中国	0.6	1.0	0.8
9．四国	0.4	0.1	0.3
10．九州,沖縄	2.5	2.0	2.3
11．その他	0.2	0.1	0.2
計	100.0	100.0	100.0

　以外で多いのは，東北8.6％，中部の9.9％である。年齢別にはきわだった違いはないが，60～74歳の方に関東出身者がやや多い。

　前住地は表1－7のようになる。周辺市および東京区部を前住地とするものが60.7％と圧倒的に多い。関東全体では，86.9％である。習志野市の高齢者の大方は，東京圏を勤務地として，その周辺に居住していて，さらに，習志野市へ転住している。しかし，十数％は，東北や北海道，中部から直接転入している。これらのものの中で，高齢になってから転入してきた者は，子どもと同居することを目的とするものが多いであろう。

3．高齢者の社会階層

　高齢者の社会的性格を捉えるために，表1－8に社会階層をあらわしている。60歳以上の高齢者であるから，現在はすでに退職をしたり，職業についている者でも，再就職し，嘱託や臨時雇いの地位のものが多い。そこで，過去および現在の経済的・社会的地位を捉えるためには，定年前の55歳頃の職業でもって

第1章 習志野市高齢者の一般的特徴　29

表1－8　高齢者（高齢代表者）の社会階層（定年前または55歳頃の職業）

社会階層	高齢代表者年齢	調査世帯数			推計値						全国(%)
					世帯数			%			
		60~74歳	75歳~	計	60~74歳	75歳~	計	60~74歳	75歳~	計	
I	1. 経営者 2. 小経営者	40	34	74	265	88	353	4.0	3.4	3.8	9.6
II 自営業者層	3. 専門的サービス業	17	12	29	113	31	144	1.7	1.2	1.6	
	4. 工業，建設業	27	31	58	179	80	259	2.7	3.1	2.8	
	5. 商業，サービス業	102	129	231	676	333	1,009	10.1	13.1	10.9	
	6. 農業，漁業	51	97	148	338	251	589	5.0	9.8	6.4	
	7. 浮動的サービス業	10	6	16	66	16	82	1.0	0.6	0.9	
	8. 職人	28	36	64	186	93	279	2.8	3.6	3.0	
	小計	235	311	546	1,823	892	2,715	23.3	31.5	29.4	10.7
III 俸給生活者	9. 専門，管理職	78	57	135	517	147	664	7.7	5.8	7.2	
	10. 官公職員	93	124	217	617	320	937	9.2	12.6	10.1	
	11. 大企業	98	63	161	650	163	813	9.7	6.4	8.8	
	12. 中小零細企業	123	90	213	815	233	1,048	12.2	9.1	11.4	
	13. 顧問，嘱託	4	3	7	27	8	35	0.4	0.3	0.4	
	小計	396	337	733	2,626	871	3,497	39.2	34.1	37.9	33.6
IV 労働者	14. 官公労働者	37	39	76	245	101	346	3.7	3.9	3.8	
	15. 大企業	61	52	113	404	134	538	6.0	5.3	5.9	
	16. 中企業	79	61	140	524	159	683	7.8	6.2	7.4	
	17. 小零細企業	52	36	88	345	93	438	5.1	3.6	4.7	
	18. 販売サービス	42	26	68	278	67	345	4.2	2.6	3.7	
	19. 単純臨時日雇	28	19	47	186	49	235	2.8	1.9	2.5	
	小計	299	233	532	1,982	603	2,585	29.6	23.6	28.0	46.1
V 無業その他	20. アパート経営	1	2	3	7	5	12	0.1	0.2	0.1	
	21. 高齢無業，失業	1		1	7		7	0.1		0.1	
	22. 傷病，障害	2		2	13		13	0.2		0.1	
	23. 主婦	3	8	11	20	21	41	0.3	0.8	0.4	
	24. 軍人	3	8	11	20	21	41	0.3	0.8	0.4	
	小計	10	18	28	67	47	114	1.0	1.8	1.2	－
	不明	29	55	84	185	142	327	2.9	5.6	3.5	0
	計	1,008	988	1,996	6,683	2,555	9,238	100	100	100	100

注1）大企業は1,000人以上　中企業は30～999人　小零細企業は29人以下である。小経営者は29人以下，自営業者は4人以下である。
注2）全国は，昭和60年度国勢調査により作成。非農林職業従事者を100としたパーセント。

判断することにした。また，女性が老人の代表者の場合は，50歳をすぎて亡くなった場合は夫の生前の職業によることとし，そうでない場合には妻本人の職業によることとした。

　社会階層の分類は，大分類を　経営者，自営業層，俸給生活者，労働者，無業その他とし，さらにそれぞれを分類して1から24までの小分類としている。その内容は表1－8をみられたい。[1]

　社会階層の面での特徴は，自営業層と俸給生活者が多いことを指摘できる。右端の欄に昭和60年国勢調査による，都市的産業従事者（非農林漁業職業従事者を100としたもの）の社会階層を大分類のみだが比較のために掲げておいた。もっとも，これは，高齢者だけではなく，15歳以上の就業者の全数である。

　自営業者は，29.4％である。この層が多いのは，高齢者だからであろう。60～74歳と75歳以上をくらべても，75歳以上の層の方の比率が大きい。年長者ほど，自営業の経歴の者が多いのは，わが国の一般的傾向である。習志野市では，近郊農家がいまなお存在すること，農業や漁業から廃業して，人口増加とともに商店経営その他都市的産業の自営業へ転業したものが多いことにもよる。加えて，地方で，農業，漁業その他自営業であったものが都市生活者となった子どものところへ同居すべく転入した者も多い。そのような事情から，自営業者の比率が大きいと思われる。

　自営業の経歴の者の場合，現在の経済的状況はかなりの幅がある。もともと習志野市に居住していた者，あるいは，戦後すぐに転入した者の場合には，概していえば，土地を中心とした資産があり，経済的状況は良好であるが，職人層であったものや，他県からの近年の転入者の場合は商業や農業を営んでいた者も概していえば，劣悪な者が多く，国民年金のみ（国民福祉年金含む）の収入しかないものが多い。

　俸給生活者は，37.9％で4割弱を占める。若い層をも含む「全国」の俸給生活者の割合よりも高い割合である。なかでも，専門・管理職，官公，大企業のそれをあわせると26％となり，俸給生活者が多いだけでなく，その中でも上層

のものが多い。東京都心に比較的近いことから，東京に勤務先を持つサラリーマンが，住まいを習志野市に求め転入したことによるだろう。

他方，労働者の割合は低い。全国が46.1%に対して28.0%である。労働者の場合は官公，大企業の上層労働者よりも，中小企業労働者の割合の方が大きい。

以上から，習志野市の高齢者の社会階層の特徴は最上層の経営者層は3.8%と少ないが，他方で，小分類の7，8，17，18，19，といった下層の階層のものも，あわせて14.8%と比較的少なく，中位層が厚いという特徴をもっている。もっとも，上記したように，3から6までの自営業者は，上下の幅が大きいので，下の部分は下層の部分に含めなければならないであろうから下層の割合は，もう少し大きいとみなければならない。

4．世帯類型

以上のような背景をもつ高齢者の生活を捉えるに当たり，生活の単位としての世帯の家族類型をみることにしたい。世帯の家族類型については第2章，および第3章で詳しく分析するのでここでは簡単に述べることにする。世帯類型の構成は，表1―9の通りである。世帯類型は，まず，「高齢者のみ」「既婚の子供と同居」「未婚の子供と同居」「子供欠損家族と同居」「その他」の5つに分類し，さらにそれぞれを，高齢者の単身と夫婦に二分している。「高齢者のみ」だけは，もう一つ，「その他高齢者のみ」を設け三分類としている。それは親子，兄弟，友人等の関係で60歳以上のもののみで暮らしている世帯である。「高齢者のみ」の中の夫婦世帯は夫婦のどちらかが60歳以上でないものも含まれている。推計値でみていくと，「高齢者のみ」は2,899世帯（31.4%），既婚の子供と同居は3,606世帯（39.0%），未婚の子供と同居が2,208世帯（23.9%），子供欠損家族と同居が262世帯（2.8%），子供欠損家族とは，子が母子世帯や父子世帯のものである。その他が236世帯（2.6%）である。

高齢単身と高齢夫婦別では，高齢者のみでは高齢夫婦が多く，既婚の子供と同居では，高齢単身が多い。このことから夫婦の片方が亡くなると既婚の子供

表1－9　高齢者を含む世帯の家族類型

家族類型		調査世帯数			推計値			左の%	65歳以上の推計値	
	高齢代表者の年齢	60～74歳	75歳～	計	60～74歳	75歳～	計		世帯数	左の%
Ⅰ 老人のみ	1.高齢単身	96	85	181	636	220	856	9.3	631	9.4
	2.高齢夫婦	239	140	379	1,584	362	1,946	21.0	1,269	18.8
	3.その他の高齢のみ	8	17	25	53	44	97	1.1	64	0.9
	小計	343	242	585	2,273	626	2,899	31.4	1,964	29.1
Ⅱ 既婚子供との同居	4.高齢単＋既婚子供	177	418	595	1,174	1,081	2,255	24.4	1,983	29.5
	5.高齢夫婦＋既婚子供	150	138	288	994	357	1,351	14.6	1,106	16.4
	小計	327	556	883	2,168	1,438	3,606	39.0	3,089	45.9
Ⅲ 未婚子供との同居	6.高齢単＋未婚子供	101	81	182	670	209	879	9.5	614	9.1
	7.高齢夫婦＋未婚子供	183	45	228	1,213	116	1,329	14.4	693	10.3
	小計	284	126	410	1,883	325	2,208	23.9	1,307	19.4
Ⅳ 子供欠損家族と同居	8.高齢単＋子供欠損家族	14	29	43	93	75	168	1.8	161	2.4
	9.高齢夫婦＋子供欠損家族	11	8	19	73	21	94	1.0	54	0.8
	小計	25	37	62	166	96	262	2.8	215	3.2
Ⅴ その他	10.高齢単＋その他	17	22	39	113	57	170	1.9	117	1.7
	11.高齢夫婦＋その他	8	5	13	53	13	66	0.7	33	0.5
	小計	25	27	52	166	70	236	2.6	150	2.2
不明		4	—	4	27	—	27	0.3	14	0.2
計		1,008	988	1,996	6,683	2,555	9,238	100.0	6,739	100.0

との同居へ移動していくと推量されるが，この点のくわしい分析は第3章で行っている。

　ところで，子供世帯と同居というと，一般に既婚の子供と同居した三世代家族の形態を想像しがちなのであるが，たしかに，既婚の子供との同居がもっとも多いのであるが，それは全体の39％と4割弱でしかない。他方の，未婚の子供と同居しているものが，23.9％であり，子供と同居している世帯だけとりだして比率を計算すると36.3％になるのである。ここでは，さしあたり未婚の子供と同居のものがかなりの比重を占めることに注目しておきたい。

　以上は，60歳以上の高齢者のいる世帯であるので，通常，高齢者とされる65

表1-10 国勢調査による65歳以上の親族のいる世帯の家族類型

家族類型	習志野市 世帯数	%	全国(%)	市部(%)
1. 夫婦のみ	1,381	21.5	17.8	19.3
2. 単独	759	11.8	12.7	13.7
小計	2,140	33.3	30.5	33.0
3. 夫婦と両親(とその他)	642	10.0	14.8	12.9
4. 夫婦と片親(とその他)	1,725	26.8	27.8	26.8
小計	2,367	36.8	42.6	39.7
5. 夫婦と子供	696	10.8	7.1	7.9
6. 片親と子供	621	9.6	6.4	7.4
小計	1,317	20.4	13.5	15.3
7. その他	599	9.3	13.4	12.0
計	6,423	100.0	100.0	100.0

注) 昭和60年国勢調査 世帯の家族類型別表を組かえた。
　1.は国調の家族類型分類のA(1), 2.はC, 3.はA(5), (7), 4.はA(6), (8)
　5.はA(2), 6.はA(3), (4), 7.はその他全部とした。

歳以上でみた類型を右端に掲げておいた。それでみると，高齢者のみは，29.1％，既婚の子供と同居は，やや増加して45.9％，未婚の子供と同居は19.4％と減少する。だが，減少するとはいえ65歳以上でも全体の2割はあり，それは同居世帯の中の28.3％と3割弱を占めるのである。

　世帯類型について，国勢調査でみると表1-10の通りとなる。国勢調査の分類と本調査分類とでは，分類の仕方が多少異なるのだが，類似した形に組みかえている。習志野市について，前掲表の右端が65歳以上のものであるからそれと比較すると，本調査結果の方が，高齢単身，高齢夫婦ともやや多くなっている。それは，前に説明した高齢者のみの別居の定義の相違によると思われる。未婚の子供と同居は，「5．夫婦と子供」および「6．片親と子供」がほぼそれに該当するが，国勢調査でみても同じく2割と大きい。

　習志野市を全国および市部全体と比較すると，1．および2．の高齢者のみ世帯は市部とほぼ同様の33％であるが，3．および4．の既婚の子供と同居のものは，全国はもとより市部と比べて少なく，5．，6．の未婚の子供との同居の率

がやはり高くなっている。この点に特徴があり，習志野市の高齢者を含む世帯の家族類型は，高齢者人口や高齢者を含む世帯の比率が少ないこととあわせて，「都市型」といえよう。[2]

5．住居の種類

次に，住居の形態をみることにする。表1-11の通りである。持家の割合は79.7%である。以下多い順にあげると，公団が5.9%，公営住宅が一種，二種あわせて5.0%，民間の独立家屋が2.6%，木賃アパートが2.1%，借間が1.3%，給与住宅が1.1%，民間マンションが0.5%の順である。

持家のものの土地の所有形態と広さは，表1-12の通りである。借地は13.3%，自有地が76.9%である。そしてマンションが7.7%である。自有地の面積は，29坪以下のいわゆるミニ開発のものは少なく，50坪前後が平均である。90坪以上が14.9%である。土地の広さに関しては比較的余裕があるといえる。

住宅の種類について，昭和60年の国勢調査と比較したものが表1-13である。

表1-11 住居の種類

住居種類 \ 高齢代表者年齢	調査世帯数			推　計　値					
				世　帯　数			％		
	60～74歳	75歳～	計	60～74歳	75歳～	計	60～74歳	75歳～	計
1．持　　　　家	788	825	1,613	5,224	2,133	7,357	78.1	83.6	79.7
2．公営住宅(1種)	24	15	39	159	39	198	2.4	1.5	2.1
3．民間の独立家屋	26	26	52	172	67	239	2.6	2.6	2.6
4．木賃アパート	23	17	40	152	44	196	2.3	1.7	2.1
5．公営住宅(2種)	31	23	54	206	59	265	3.1	2.3	2.9
6．民間のマンション	5	6	11	33	16	49	0.5	0.5	0.5
7．給　与　住　宅	12	9	21	80	23	103	1.2	0.9	1.1
8．公　団　住　宅	65	44	109	431	114	545	6.4	4.6	5.9
9．借　　　　間	14	10	24	93	26	119	1.4	1.0	1.3
不　　明	20	13	33	133	34	167	2.0	1.3	1.8
計	1,008	988	1,996	6,683	2,555	9,238	100.0	100.0	100.0

表1-12 持家の土地の形態

土地の形態 \ 高齢代表者年齢	調査世帯数			推計値					
				世帯数			%		
	60~74歳	75歳~	計	60~74歳	75歳~	計	60~74歳	75歳~	計
1．持家（借地）	109	100	209	723	259	982	13.8	12.1	13.3
2．持家（自有地）	604	638	1,242	4,004	1,650	5,653	76.7	77.4	76.9
(1) 29坪以下	32	32	64	212	83	295	4.1	3.9	4.0
(2) 30~49坪	130	119	249	862	308	1,170	16.5	14.5	15.9
(3) 50~69坪	150	114	264	994	295	1,289	19.1	13.8	17.6
(4) 70~89坪	114	98	212	756	253	1,009	14.5	11.9	13.7
(5) 90~109坪	40	59	99	265	153	418	5.1	7.2	5.7
(6) 110~129坪	8	21	29	53	54	107	1.0	2.5	1.5
(7) 130~149坪	8	9	17	53	23	76	1.0	1.1	1.0
(8) 150坪以上	50	63	113	331	163	494	6.3	7.6	6.7
(9) 不明	72	123	195	477	318	795	9.1	14.9	10.8
3．持家（マンション）	60	65	125	398	168	566	7.6	7.9	7.7
不明	15	22	37	99	57	156	1.9	2.6	2.1
計	788	825	1,613	5,224	2,133	7,357	100.0	100.0	100.0

表1-13 住居の種類 (%)

住居の種類	調査世帯（60歳以上）	昭和60年国勢調査			
		65歳以上の老人のいる世帯			一般世帯
		習志野市	全国	市部	習志野市
持家	79.7	78.5	85.7	81.7	50.7
公営・公社・公団の借家	10.9	11.0	3.9	4.9	11.7
民営借家	5.2	8.7	9.3	12.1	25.2
給与住宅	1.1	1.2	0.8	0.9	11.4
間借り	1.3	0.6	0.4	0.4	1.0
不明	1.8	—	—	—	—
計	100.0	100.0	100.0	100.0	100.0

習志野市は，持家に関してはやや少ないが，全国，および市部と比較して公営，公社，公団が多い点が特徴である。

6. 収入および資産について

次に、直接的に生活を規定する高齢者の収入の分布をみることにする。それは、表1-14の通りである。表をみると、分散が大きいことがわかる。特に、60～74歳での分散が大きい。どの収入ランクがモードであるかを指摘すること

表1-14 高齢世代の月当り収入（世帯票）

高齢代表者年齢 月別収入	調査世帯数			推計値					
				世帯数			%		
	60～74歳	75歳～	計	60～74歳	75歳～	計	60～74歳	75歳～	計
1. 4万円以下	46	157	203	305	406	711	6.4	23.5	10.9
2. 5～9万円	100	140	240	663	362	1,025	13.8	21.0	15.7
3. 10～14万円	103	121	224	683	313	996	14.2	18.1	15.3
4. 15～19万円	90	56	146	597	145	742	12.5	8.4	11.4
5. 20～24万円	103	73	176	683	189	872	14.2	11.0	13.4
6. 25～29万円	62	19	81	411	49	460	8.6	2.8	7.1
7. 30～39万円	83	55	138	550	142	692	11.5	8.2	10.6
8. 40～49万円	43	17	60	285	44	329	6.0	2.6	5.1
9. 50～99万円	64	15	79	424	39	463	8.9	2.3	7.1
10. 100万円以上	28	14	42	186	36	222	3.9	2.1	3.4
不明	286	321	607	1,896	830	2,726	—	—	—
計	1,008	988	1,996	6,683	2,555	9,238	100.0	100.0	100.0

表1-15 3,000万円以上の資産のある者 （世帯数）

高齢代表者年齢 資産の有無	調査世帯数			推計値					
				世帯数			%		
	60～74歳	75歳～	計	60～74歳	75歳～	計	60～74歳	75歳～	計
3,000万円以上の資産有り	209	176	385	1,386	455	1,841	20.8	17.8	19.9
3,000万円以上の資産なし	715	690	1,405	4,740	1,784	6,524	70.9	69.8	70.6
不明	84	122	206	557	315	872	8.3	12.3	9.4
計	1,008	988	1,996	6,683	2,555	9,238	100.0	100.0	100.0

が困難である。ただ，9万円以下が74歳以下では20％，75歳以上では45％と低所得のものの割合が大きいことを指摘しておきたい。収入については，2章以下で分析するので，ここでは，大まかな特徴を述べるにとどめる。

収入に関連して資産について，持家以外に，3,000万円以上の資産があるかどうかを質問した結果を示すと表1－15の通りである。19％，ほぼ2割が「有り」と回答している。

注）
1) 社会階層の意味および作業方法は，江口英一『現代の「低所得層」下』未来社，1980年を参照されたい。
2) ここでいう都市型とは，都市的産業もしくは職業への就業者の集中により人口の集積地域が形成され，若年層壮年層人口の急激な社会増がみられることにより高齢者人口の相対的割合が低下することを指している。しかし，社会増による増加率が高齢化率を下廻るようになると，都市においても高齢者人口の割合は当然高まる。

第2章　高齢者の経済的側面

　生活を捉えるに当たりもっとも基本的といえる経済生活について，まず，みることにしたい。高齢者になるということは一般には退職し，稼働収入がなくなる，もしくは再就職しても収入が減額することになる。それを補うのが年金であるが，年金額が生活するのに十分な金額とは限らないし，病気，介護の必要等それまでには掛からなかったような支出が新しく生じてくることにもなる。老後生活はそれらのことが生活の種々の面に影響を及ぼすことである。この章では，経済生活がどのような要素から成り立っているか，つまり，どのような収入がどの程度あるか，家族，なかでも子供との関係においてどのように補われているか，同居することの家計に表れた意味について考察し，そして最後に生活条件の格差を年金，同居の有無，住宅所有の有無の三つの側面から統合的に捉えるつもりである。わが国の高齢者生活の特徴は，高い同居率にあると考える。そのことの経済的意味を探ることがこの章の課題である。

1．高齢者の収入

1）収入の種類

　現在，都市の高齢者は，金額の多寡はともあれ，収入があるのが普通になったといえる。この章では，第一に，どのような種類の収入があり，その金額の水準はどのくらいか，第二にその収入額での生活がどのような生活形態をとっているのかについて分析し，第三に高齢者の生活の諸条件について考察したい。

　調査世帯について，本人または夫婦の収入の種類を示すと表2－1の通りである。表は高齢世代代表者の男女別，年齢階級別に各収入種類の有り率を示したものであるが，種々の収入のうち，有り率がずば抜けて高いのは年金収入である。65歳以上では，9割のものに年金収入がある。ということは年金の金額が十分な高さであれば，高齢者の中の9割は，経済的に自立した生活ができる

第2章　高齢者の経済的側面　39

表2-1　男女別，各種収入のある者の割合の変化　　（世帯数，％）

	収入種類 高齢代表 者の年齢階級	稼働 収入		年金 収入		財産 収入		貯金 引出し		仕送り 贈与		その他		総世帯数	
		世帯数	%	世帯数	%	世帯数	%	世帯数	%	世帯数	%	世帯数	%	世帯数	%
男	60～64歳	163	58.6	184	66.2	23	8.3	27	9.7	6	2.2	18	6.5	278	100
	65～69歳	95	47.5	183	91.5	20	10.0	14	7.0	6	3.0	14	7.0	200	100
	70～74歳	55	30.1	173	94.5	15	8.2	15	8.2	10	5.5	7	3.8	183	100
	小計	313	47.4	540	81.7	58	8.8	56	8.5	22	3.3	39	5.9	661	100
	75～79歳	48	17.1	262	93.6	29	10.4	29	10.4	17	6.1	14	5.0	280	100
	80歳以上	18	10.0	162	90.0	21	11.7	14	7.8	15	8.3	10	5.6	180	100
	小計	66	14.3	424	92.1	50	10.9	43	9.3	32	7.0	24	5.2	460	100
女	60～64歳	34	34.3	66	66.7	6	6.1	13	13.1	4	4.0	9	9.1	99	100
	65～69歳	20	19.4	87	84.5	7	6.8	8	7.8	6	5.8	9	8.7	103	100
	70～74歳	11	7.6	136	93.8	9	6.2	11	7.6	12	8.3	7	4.8	145	100
	小計	65	18.7	289	83.3	22	6.3	32	9.2	22	6.3	25	7.2	347	100
	75～79歳	19	6.7	256	90.8	10	3.5	15	5.3	21	7.4	20	7.1	282	100
	80歳～	17	6.9	210	85.4	14	5.7	12	4.9	17	6.9	26	10.6	246	100
	小計	36	6.8	466	88.3	24	4.5	27	5.1	38	7.2	46	8.7	528	100

注）不明を除く。

はずである。

　次に有り率が高いのは稼働収入であり，なかでも，男子の有り率は，年齢が低いほど高い。60～64歳では59％，65～69歳では48％のものに稼働収入がある。70歳以上になると稼働収入有り率は低下するが，男子では80歳以上でも10％のものに稼働収入がある。主に農業や商業など自営業のものである。女子も若いほど稼働収入の有り率は高いが，男子と比べると半分以下である。

　それ以外の収入種類は，財産収入が5％から10％，仕送り・贈与が2％から8％の間である。貯金引出しが5％から13％であるが，これは過去の蓄積の取り崩しである。これらの収入には，年齢との相関はほとんどみられない。

　次に，各種収入と収入総額との関係をみることにしたい。それは，次の表2－2の通りである。年金収入のある者の割合は，この表においても収入総額の低いものから高いものまでほとんど一定している。稼働収入は，収入額の大きい

表2－2　収入階級別各種収入の有り率　(%)

収入額	収入種類	稼働収入 60〜74歳	稼働収入 75歳〜	年金収入 60〜74歳	年金収入 75歳〜	財産収入貯金引出し 60〜74歳	財産収入貯金引出し 75歳〜
男	4万円以下	16.7	0	91.7	100.0	25.0	7.1
男	5〜9万円	18.9	18.6	91.9	95.3	8.1	0.9
男	10〜14万円	25.0	5.3	84.6	97.3	19.2	0.9
男	15〜19万円	22.4	18.4	92.5	100.0	14.9	25.0
男	20〜29万円	45.7	9.6	89.9	97.0	12.3	34.8
男	30〜49万円	70.8	23.1	83.0	88.5	26.4	38.5
女	4万円以下	0	2.3	97.0	96.9	5.9	1.6
女	5〜9万円	11.1	3.1	96.8	89.5	15.9	12.6
女	10〜14万円	20.8	4.5	91.7	100.0	8.3	4.5
女	15〜19万円	33.3	22.2	81.0	94.4	19.0	27.7
女	20〜29万円	26.0	28.0	78.3	96.0	26.1	20.0
女	30〜49万円	57.9	15.0	89.5	100.0	36.8	30.0

注）各収入階級別の世帯数を100とした％，不明および50万円以上は除いている。

ものの方で有り率が高くなる。30万円以上の収入ランクでは，男子74歳以下で71％，女子では58％のものに稼働収入がある。稼働収入が総収入額を押し上げていることがわかる。他方，75歳以上になると稼働収入と収入ランクとの相関はあまりみられない。その他の収入のうち，財産収入，貯金引出しなどストックからの収入もランクの高い方のものにみられる。そのようなストックからの補填によって20万円以上，もしくは30万円以上の収入になっているものがある。30万円以上の収入ランクのものでは，ほぼ30％のものにこれらからの収入がある。

　このように，現在の高齢者の生活は稼働収入がなくなると無収入になるというのではなく，なによりも，年金収入があり，そして，収入ランクの高い者ほど財産収入や貯金引出しにより補填されているという構成になっている。

2）年金収入の意義

　以上から，収入の高い方は，稼働収入や財産等の収入の影響が大きいといえ

る。しかし，全収入階級を通してみると，中心的収入は年金収入であるので，年金収入について少し詳しくみることにしたい。

　年金額の分布を，高齢者代表の男女別に示すと表2－3の通りである。年金額のランクの切り方を149万円までを30万円きざみで，150万円以上を50万円きざみとしているので，モードがどこにあるかがわかりづらいのであるが，男子の74歳以下では200万円から249万円のところがもっとも多い。男子でも75歳以上では30万円から59万円がもっとも多く，そして120万円から149万円が次に多い。前者は国民年金のものであろうし，後者は厚生年金のものが多いであろう。75歳以上では119万円以下の低いものが68％をしめている。不明ケースが14％あるので，その分を差し引いて考えるならば，7割を越えるものが月当たりにすると10万円以下の年金ということである。女子が高齢者代表である世帯の年金額は，総じて低く，119万円以下，月当り10万円に満たないものが74歳以下でも62％であり，75歳以上では75％である。

　年金が成熟してきたようにいわれるが，74歳以下の男子についてはともあれ，全体としては月当たり10万円以下の年金受給世帯が5割を占める。社会階層でみたこの地域の特性は，中位層以上であったことを想起する必要がある。いわゆるサラリーマン層であったものが多い地域で上記のような年金額である。

　さて，次に総収入額との関係をみることにしたい。次にあげる表2－4は，高齢代表者の男女別に，年金額を三階級にわけて，収入の分布を示したものである。世帯数の実数で示している。なぜなら，どの部分が多いかを直に摑めると思うからである。

　年金のこの三階級の分類は，このあと，しばしば用いるつもりである。一つの区切りは96万円，つまり月当たり8万円である。二つ目の区切りは180万円，つまり月当たり15万円である。8万円は，高齢者1人の場合の保護基準に相当する。15万円は2人の基準に相当する。そのような理由から，この二つの区切りの三階級を用いている。

　表において，注目すべきと思われるところを太字で示した。男子にみられる

表 2-3 高齢者代表男女別年金額（年額）の分布

(世帯数, %)

高齢者代表男女別 年金	計			男			女			男 (%)			女 (%)			計 (%)
	~74歳	75歳~	計	~74歳	75歳~	計	~74歳	75歳~	計	~74歳	75歳~	計	~74歳	75歳~	計	
1. 29万円以下	62	59	121	29	18	47	33	41	74	5.2	4.1	4.7	10.5	8.2	9.1	6.7
2. 30~59万円	124	287	411	49	87	136	75	200	275	8.8	19.8	13.7	23.9	42.9	33.7	22.7
3. 60~89万円	98	122	220	44	31	75	54	91	145	7.9	7.0	7.5	17.1	18.2	17.8	12.2
4. 90~119万円	64	60	124	30	32	62	34	28	62	5.4	7.3	6.2	10.8	5.6	7.6	6.9
5. 120~149万円	83	90	173	46	57	103	37	33	70	8.3	12.9	10.4	11.7	6.6	8.6	9.6
6. 150~199万円	99	59	158	79	48	127	20	11	31	14.3	10.9	12.8	6.3	2.2	3.8	8.7
7. 200~249万円	108	64	172	102	54	156	6	10	16	18.4	12.2	15.7	1.9	2.0	2.0	9.5
8. 250~299万円	52	15	67	47	13	60	5	2	7	8.5	2.9	6.0	1.6	0.4	0.9	3.7
9. 300~399万円	27	32	59	25	27	52	2	5	7	4.5	6.1	5.2	0.6	1.0	0.9	3.3
10. 400万円~	6	12	18	6	11	17		1	1	1.1	2.5	1.7		0.2	0.1	1.0
不　明	106	90	196	83	46	129	23	44	67	17.6	14.3	16.1	15.6	15.6	15.5	15.7
計	829	890	1,719	540	424	964	289	466	755	100.0	100.0	100.0	100.0	100.0	100.0	100.0

特徴は，総収入は，大きくは年金額に規定されていること。ただし，74歳以下では年金以上の収入があるものがある。たとえば，95万円以下で74歳以下のものに20万円から24万円のものが多くみられるようにである。また，年金額が180万円以上の一番上のランクのものが74歳以下で489ケース中198ケースで40.5%を占め，75歳以上で319ケース中105ケースで32.9%で3分の1を占める。

それに対比して女子は95万円以下の年金しかないものが圧倒的であり，総収入もそれに規定されて低いものが多い。

3）高齢者の収入

高齢者の収入額の特徴はどうであるのか，改めて金額の分布を示したい。高齢者の月当たりの収入は，表2－5の通りである。不明を除いたパーセントで示しているが，10万円未満が3割以上であり，15万円未満ということでは4割となる。なんらかの収入が高齢者全般にあるようになったといっても，十分な収入がある者がある一方で，低所得のものも少なくないのである。75歳以上の場合4割以上が10万円未満である。男子でも75歳以上では10万円未満の者が2割を越える。女子は全体的に低く，特に女子の75歳以上では10万円未満が65%である。このような低所得の場合，高齢者のみ世帯ということであれば，そのまま低所得世帯ということになる。次の節でみるが，このような低所得と同居が結び付くことになる。

2．生活の方法

1）世帯の家族構成

生活水準は，その収入で生活する世帯人数や年齢構成といった世帯内の要素，つまり消費単位により変化するとされるが，基本的には，収入の大きさに規定されよう。その意味で収入の金額を重視するのであるが，第1節でみたのは高齢者世代のみの収入であり，同居子を含む世帯のそれではない。その意図するところは，その高齢者のみの収入で自立的生活が可能であるのかどうか，つま

表 2-4　年金額と総収入　　　　　　　　　　　　　　　(世帯数)

収入＼年金	男									
	95万円以下		96～179万円		180万円以上		年金なし		計	
	～74歳	75歳～	～74歳	75歳～	～74歳	75歳～	～74歳	75歳～	～74歳	75歳～
1～4万円	10	25	0	1	2	2	0	0	12	28
5～9万円	28	35	8	7	1	1	0	0	37	43
10～14万円	16	15	29	55	3	5	4	0	52	75
15～19万円	9	6	20	11	36	21	2	0	67	38
20～24万円	23	9	11	14	46	30	4	0	84	53
25～29万円	9	4	13	2	30	8	5	0	57	14
30～39万円	10	7	14	6	34	26	10	0	68	39
40～49万円	8	6	6	3	17	4	4	0	35	13
50万円以上	20	5	13	3	29	8	15	0	77	16
計	133	112	114	102	198	105	44	0	489	319

収入＼年金	女									
	95万円以下		96～179万円		180万円以上		年金なし		計	
	～74歳	75歳～	～74歳	75歳～	～74歳	75歳～	～74歳	75歳～	～74歳	75歳～
1～4万円	34	124	0	0	0	2	0	0	34	126
5～9万円	47	84	12	9	3	3	0	0	62	96
10～14万円	17	12	29	31	3	1	2	0	51	44
15～19万円	7	9	8	1	5	7	2	0	22	17
20～24万円	8	8	2	5	6	6	2	0	18	19
25～29万円	2	2	3	0	0	3	0	0	5	5
30～39万円	7	11	1	2	3	3	1	0	12	16
40～49万円	3	3	2	0	0	1	1	0	6	4
50万円以上	8	6	3	5	0	2	3	0	14	13
計	133	259	60	53	20	28	11	0	224	340

注) 収入および, 年金額の不明ケースを除く。

第２章　高齢者の経済的側面

表２−５　高齢者本人（または高齢夫婦）の一ヶ月の収入

(世帯数)

月収	計			男			女			計 (%)			男 (%)			女 (%)		
	~74歳	75歳~	計	~74歳	75歳~	計	~74歳	75歳~	計	~74歳	75歳~	計	~74歳	75歳~	計	~74歳	75歳~	計
1. 4万円以下	46	157	203	12	28	40	34	129	163	6.4	23.6	14.6	2.4	8.8	4.9	15.0	37.1	28.4
2. 5~9万円	100	140	240	37	43	80	63	97	160	13.8	21.0	17.3	7.5	13.4	9.8	27.8	28.0	28.0
3. 10~14万円	103	121	224	52	76	128	51	45	96	14.2	18.2	8.7	10.5	23.7	15.7	22.5	13.0	16.7
4. 15~19万円	90	56	146	67	38	105	23	18	41	12.5	8.4	10.5	13.5	11.9	12.9	10.1	5.2	7.1
5. 20~24万円	103	73	176	85	53	138	18	20	38	14.2	11.0	12.7	17.2	16.5	16.9	7.9	5.8	6.6
6. 25~29万円	62	19	81	57	14	71	5	5	10	8.6	2.8	5.8	11.5	4.4	8.7	2.2	1.4	1.7
7. 30~39万円	83	55	138	71	39	110	12	16	28	11.5	8.2	9.9	14.3	12.2	13.5	5.3	4.6	4.9
8. 40~49万円	43	17	60	36	13	49	7	4	11	6.0	2.5	4.3	7.3	4.1	6.0	3.1	1.2	1.9
9. 50~99万円	64	15	79	51	9	60	13	6	19	8.9	2.2	5.7	10.3	2.8	7.4	5.7	1.7	3.3
10. 100万円以上	28	14	42	27	7	34	1	7	8	3.9	2.1	3.0	5.5	2.2	4.2	0.4	2.0	1.4
小　計	722	667	1,389	495	320	815	227	347	574	100.0	100.0	100.0	100.0	100.0	100.0	100.0	100.0	100.0
不　明	286	321	607	166	140	306	120	181	301	(28.4)	(32.5)	(30.4)	(25.1)	(30.4)	(27.3)	(34.6)	(34.3)	(34.4)
計	1,008	988	1,996	661	460	1,121	347	528	875									

注）男・女は、高齢代表者の性別、不明欄の％は計を100としたもの。

り，別居もしくは同居に対して，高齢者の収入が影響を与えているのかどうかを探りたいからである。

　高齢者の生活は，高齢者のみで営まれている場合がある。この場合は収入と生活レベルの関係は，大方の場合，直接的に結び付いているであろう。1人であれば収入はそのまま生活費のもとになると考えられるし，夫婦であればいうまでもなく二人前であると考えられるであろう。とはいえ，実際の高齢者の生活は，衣・食に掛かる費用はともあれ，住宅の条件や医療費，介護費用などの負担があるかどうかで異なってくる。ここでは，さしあたり，衣・食・雑費といった日常生活費の範囲で捉えている。

　さて，日常生活費の範囲で考えるとして，現時点でのわが国の高齢者の経済生活においては家族構成の要素が特に重要であろうと思われる。ここで問題とする家族構成は，上に述べた消費単位という量の問題としてではなく，経済生活の維持のために，どのような関係のもので構成されているか，関係そのものを問題としたいのである。家族関係は，一面では私的で内部的な関係であるが，一般に指摘されるように，社会的関係とも無縁ではありえない。人が社会的存在である限り，その時々の社会の有り様に規定されながら，家族としてのあり方を主体的にか外部からの強制によるかはともあれ，選択していくことになる。現在の家族の大きさがどのくらいか，どのような構成であるかといった形態それ自体が生活の内容，レベルを表現し，社会的意味をもつと考えられる。

　まず，家族の大きさの概略を摑むことにしたい。表2－6により，年齢別にみれば74歳以下では，2人が多く，75歳以上では5人が多いことが目立つ点である。また，男子が高齢者世代代表である世帯（以下男子世帯という）の場合には2人規模の世帯が特に多い。75歳以上でも32％を占める。女子が高齢者世代代表である世帯（以下女子世帯という）では2人は少なく1人が15％と多く，かつ，4，5人の規模のものが他と比して多いことが特徴といえる。このような世帯人員の分布のあり方は，単身世帯や夫婦世帯の存在，それから同居世帯にもいろいろな形があることの反映であること，つまり，いろいろな家族構成

表2-6　家族の大きさ　(%)

家族員数	計			男			女		
	60~74歳	75歳~	計	60~74歳	75歳~	計	60~74歳	75歳~	計
1人	9.6	8.0	8.8	3.2	4.6	3.7	21.9	11.0	15.4
2人	31.3	21.4	26.4	36.2	32.6	34.7	21.9	11.6	15.7
3人	18.5	12.9	15.7	24.1	12.0	19.1	7.8	13.7	11.4
4人	11.6	14.2	12.9	11.5	10.4	11.1	11.8	17.5	15.3
5人	12.3	22.6	17.4	7.1	15.0	10.3	22.2	29.3	26.5
6人	10.8	13.5	12.1	12.3	18.7	14.9	8.1	9.0	8.6
7人	3.3	4.1	3.7	3.6	4.8	4.1	2.6	3.4	3.1
8人以上	1.3	1.8	1.6	1.5	6.1	1.3	0.9	2.3	1.8
不明	1.4	1.4	1.4	0.8	0.7	0.7	2.6	2.1	2.3
計	100.0	100.0	100.0	100.0	100.0	100.0	100.0	100.0	100.0

注）男・女は高齢世代代表者の性別。

がありうることを示唆するものといえよう。

　実際のところ，高齢者はどのような家族形態をとっているのか，表2-7にみることにしたい。表側に高齢者の世帯類型を示している。この分類は高齢世代のものが単身か夫婦か，同居の子世代が既婚か未婚か，または母子家庭・父子家庭の一人親家庭かに着目した分類であり，全部で11類型からなる。調査に際して，高齢者のみの世帯であるか，同居世帯であるかについては，以下のような基準を設けて客観的に判断することにした。というのは，これまでの高齢者調査の経験から，同居していても家計が別であったり住民票が別であれば，また福祉サービスが独居であれば優先されることからか，単身または別居と回答されることがありがちであった。この調査においては地続きの建物に住んでいるものは，別棟であろうと住民票の記載がどうであろうと，同居とした。ただし，賃貸のアパートに隣接して住んでいるものについては，住居の共同性を欠くものと考え別居扱いとしている。

　さて，前掲表1-9によると高齢者のみの世帯は，全世帯の中の31%で，約3割であり，残りの7割が子供との同居世帯ということであった。高齢者のみ

世帯の中では高齢単身が9％，高齢夫婦が21％と，1対2の割合である。男女別では傾向が異なり，男子は表2－7によると夫婦が32％と多く，年齢にさほど左右されない。女子は単身が16％と多く，夫婦は2％にすぎない。2％でも女子を高齢世代代表と回答することがあるいうことはある種の驚きといえるかもしれない。夫が寝たきりや入院中といったことで，生活の実際的な責任が妻にある場合に妻が「代表者」として回答されている。

　社会福祉において，高齢世帯率，あるいは単身世帯率の高まりの傾向をもとに高齢者福祉の緊急性が主張され，なかでも「一人暮らし老人」が「寝たきり・痴呆」とともに福祉政策のターゲットとして強調されてきた。高齢者のみの世帯は本当に問題世帯なのか，逆に同居世帯は問題世帯ではないのか。高齢者のみの世帯が問題視される一方で，同居世帯は軽視されてきたきらいがあるが，同居世帯とはいかなる世帯なのかを明確にする必要があると考えている。[1)2)]

　先に示した表1－9でみると，既婚の子供との同居世帯は，これが通常いわれるところの三世代同居といえようが，39％，4割である。その他の同居世帯は，未婚子の同居が24％，子供欠損家族との同居および自分の子供ではない甥や姪，孫，嫁などとの同居が3％である。あわせて27％が，必ずしも既婚子との同居ではないということに注目する必要がある。もっとも，未婚子との同居率は，60歳以上を調査したことで，高めに示されているかも知れない。通常にならって65歳以上を高齢者とすると，表1－9にみられるように既婚子との同居は46％となり，未婚子との同居は19％，それ以外は6％で，あわせて25％である。このように未婚子との同居率は，やや減少するが，とはいえ既婚子以外との同居が，同居世帯の中の3分の1を越えるのである。

　表2－7によると既婚子との同居率は，74歳以下よりも75歳以上の方が，また，男子より女子の方が高くなる。女子は75歳を越えると65％が既婚子との同居世帯となるが，19％はそれ以外との同居である。他方で，単身がなお15％を占めることにも注目する必要があろう。

　高齢者は，このように多様な形の同居形態をとっている。少なくとも75歳以

第2章 高齢者の経済的側面

表 2-7 高齢者を含む世帯の家族構成

(世帯数, %)

世帯類型	計			男			女			計 (%)			男 (%)			女 (%)		
	~74歳	75歳~	計	~74歳	75歳~	計	~74歳	75歳~	計	~74歳	75歳~	計	~74歳	75歳~	計	~74歳	75歳~	計
1. 高齢単身	96	85	181	20	24	44	76	61	137	9.5	8.6	9.1	3.0	5.2	3.9	21.9	11.6	15.7
2. 高齢夫婦	229	140	379	222	136	358	17	4	21	23.7	14.2	19.0	33.6	29.6	31.9	4.9	0.8	2.4
3. その他の高齢のみ	8	17	25	3	2	5	5	15	20	0.8	1.7	1.3	0.5	0.4	0.4	1.4	2.8	2.3
小計	343	242	585	245	162	407	98	80	178	34.0	24.5	29.4	37.1	35.2	36.2	28.2	15.2	20.4
4. 高齢夫婦+既婚子	177	418	595	43	79	122	134	339	473	17.6	42.3	29.8	6.5	17.2	10.9	38.6	64.2	54.1
5. 高齢夫婦+既婚子	150	138	288	137	133	270	13	5	18	14.9	14.0	14.4	20.7	28.9	24.1	3.7	0.9	2.1
小計	327	556	883	180	212	392	147	344	491	32.5	56.3	44.2	27.2	46.1	35.0	42.3	65.1	56.2
6. 高齢単+未婚子	101	81	182	37	22	59	64	59	123	10.0	8.2	9.1	5.6	4.8	5.3	18.4	11.2	14.1
7. 高齢夫婦+未婚子	183	45	228	177	45	222	6	—	6	18.2	4.6	11.4	26.8	9.8	19.8	1.7	—	0.7
小計	284	126	410	214	67	281	70	59	129	28.2	12.8	20.5	32.4	14.6	25.1	20.1	11.2	14.8
8. 高齢単+子供欠損家族	14	29	43	2	4	6	12	25	37	1.4	2.9	2.2	0.3	0.9	0.5	3.5	4.7	4.2
9. 高齢夫婦+子供欠損家族	11	8	19	10	7	17	1	1	2	1.1	0.8	1.0	1.5	1.5	1.5	0.3	0.2	0.2
小計	25	37	62	12	11	23	13	26	39	2.5	3.7	3.2	1.8	2.4	2.0	3.8	4.9	4.4
10. 高齢単+その他	17	22	39	3	4	7	14	18	32	1.7	2.2	2.0	0.5	0.9	0.6	4.0	3.4	3.7
11. 高齢夫婦+その他	8	5	13	7	4	11	1	1	2	0.8	0.5	0.7	1.1	0.9	1.0	0.3	0.2	0.2
小計	25	27	52	10	8	18	15	19	34	2.5	2.7	2.7	1.6	1.8	1.6	4.3	3.6	3.9
不明	4	—	4	—	—	—	4	—	4	0.4	—	0.2	—	—	—	1.2	—	0.5
計	1,008	988	1,996	661	460	1,121	347	528	875	100.0	100.0	100.0	100.0	100.0	100.0	100.0	100.0	100.0

上の高齢者が未婚の子供と同居しているというようなことは，子供の年齢は30歳をこえる場合がほとんどであることから，本来的な姿とはいいがたい。既婚子との同居であれば問題がないかというとそうではないかもしれない。問題や無理があるかも知れないのである。家族の問題については次章でさらに詳しくのべるので，ここでは，同居率が高いことと，同居形態が多様であることの指摘にとどめたい。

2）家計の構造

調査を企画した折に，高齢者を含む世帯における家計のあり方は，第一に，収入について述べた際に言及したのと同じように複雑であろうことが推測された。同居している場合において，世帯によっては，いわゆるサイフが一つとは限らない。同居していても家計はまったく別かも知れないし，一緒かも知れない。一緒だとしても以前のように全面的な被扶養者なのではなく，高齢者サイドからの十分な負担がなされているかもしれないし一部かもしれない。第二に，そのように雑多なものの複合物であるとして，傾向としては家計の分離・自立の状況が，一定程度は，進んでいるであろうと予想される。ともあれ，その状況がどのようであるのかを捉えたく，まず，「日常の生活はどのようにしていますか」という質問をし，さらに，子供と家計をともにしている場合に，親世代の負担額と負担の費目を捉えることを目的とした質問を試みた。

まず，最初の質問の回答の結果は表2－8の通りである。この質問は同居世帯に対してだけではなく，全世帯を対象としている。表にみられる結果は，「本人（夫婦）で」（以下「本人で」とする）と回答したものは，全体の4割である。ほぼ3割が別居世帯であることを考慮するならば，全体の中の1割だけが同居世帯において同居しながら「本人で」独自的に家計を運営していることになる。細かくみると，年齢や男女による違いがみられる。74歳以下では「本人で」の比率は50％である。74歳以下の「老人のみ世帯」の比率は34％であったことから，同居世帯の中で独自に家計運営をしているものは16％ということに

表 2 − 8　日常の生活費　　　　　　　　　　(世帯数, %)

		計			男			女		
		60～74歳	75歳～	計	60～74歳	75歳～	計	60～74歳	75歳～	計
世帯数	1．本人（夫婦）で	499	300	799	372	200	572	127	100	227
	2．子供と全部一緒	359	558	917	191	196	387	168	362	530
	3．子供と一部一緒	122	102	224	82	52	134	40	50	90
	不明	28	28	56	16	12	28	12	16	28
	計	1,008	988	1,996	661	460	1,121	347	528	875
%	1．本人（夫婦）で	49.5	30.3	40.0	56.3	43.5	51.0	36.6	18.9	25.9
	2．子供と全部一緒	35.6	56.5	45.9	28.9	42.6	34.5	48.4	68.6	60.6
	3．子供と一部一緒	12.1	10.3	11.2	12.4	11.3	12.0	11.5	9.5	10.3
	不明	2.8	2.8	2.8	2.4	2.6	2.5	3.5	3.0	3.2
	計	100.0	100.0	100.0	100.0	100.0	100.0	100.0	100.0	100.0

なる。男子の74歳以下では，その差がもっとも大きくなるが，とはいえ19％でしかない。さらにこの表で目をひくのは，「子供と全部一緒」が74歳以下で35％，75歳以上で56％と多く，「子供と一部一緒」は12％と10％と少ないことである。つまり，「本人で」か「全部一緒」かであり，「一部一緒」が少ない。両極端なのである。

　表2−9により世帯の家族構成別にみると，前表では「本人で」が男子では56％であったが，世帯類型別にみると，高齢者のみ世帯では当然ともいえるが「本人で」の比率が非常に高い。高齢単身等で子供と「全部一緒」や「一部一緒」が少なからずみられることの方が意外である。近くに住み，生活を共同しているということである。隣居は持家の場合「同居」とみなしたので老人のみ世帯には含まれない。持家の隣居以外で，生活を共にしているものがあるのである。
　ところで，さしあたりのわれわれの関心は，子供と同居している場合の方にある。同居している場合，その類型により異なるが，「本人で」の割合は10％から36％である。同居しながら「本人で」独自に運営している者は，総じて低率といえる。その中で，夫婦揃っている74歳以下の世帯は，「本人で」の比率が相対的に高い。といっても，もっとも注目したい「高齢夫婦＋既婚子」において，

表2－9　世帯類型別，日常生活費の負担　　　　（世帯数，％）

		高齢単身		高齢夫婦		単身＋既婚子		高齢夫婦＋既婚子		高齢単身＋未婚子		高齢夫婦＋未婚子	
		60～74歳	75歳～	60～74歳	75歳～	60～74歳	75歳～	60～74歳	75歳～	60～74歳	75歳～	60～74歳	75歳～
世帯数	1.本人（夫婦）で	82	61	229	131	29	42	48	25	18	9	66	14
	2.子供と全部一緒	5	11	1	3	120	324	71	79	59	59	81	28
	3.子供と一部一緒	5	7	4	4	24	42	29	29	20	10	31	3
	不明	4	6	5	2	4	10	2	5	4	3	5	－
	計	96	85	239	140	177	418	150	138	101	81	183	45
％	1.本人（夫婦）で	85.4	71.8	95.8	93.6	16.4	10.0	32.0	18.1	17.8	11.1	36.1	31.1
	2.子供と全部一緒	5.2	12.9	0.4	2.1	67.8	77.5	47.3	57.2	58.4	72.8	44.3	62.2
	3.子供と一部一緒	5.2	8.2	1.7	2.9	13.6	10.0	19.3	21.0	19.8	12.3	16.9	6.7
	不明	4.2	7.1	2.1	1.4	2.3	2.4	1.3	3.6	4.0	3.7	2.7	0.0
	計	100.0	100.0	100.0	100.0	100.0	100.0	100.0	100.0	100.0	100.0	100.0	100.0

74歳以下で32％，75歳以上では18％であり，既婚子と同居している場合において家計を分離しているのは，2割ないし3割程度の世帯である。高齢単身で同居の場合は，「本人で」の比率は，さらに小さい。10％から18％の間である。同じように既婚子との同居についてみると74歳以下で16％，75歳以上で10％である。このように高齢単身で同居の家計分離の割合は，1割から2割である。

　第二の質問の負担についての回答は，表2－10の通りである。これは，日常生活費を一緒にしていると回答した世帯に対してだけ質問したものである。計欄にみられる全体的な傾向は，「子供が全部」負担しているが48％と半数を占め，「一定額を自分達で」負担しているのが29％あるが，自分達で負担していても家計の運営の主体は子どもにある。「子供が全部負担」とあわせて75％が子供に家計の運営を委ねていることになる。男子が代表者である世帯ではやや少なく66％であるが，女子は87％という高さになる。

　世帯の家族構成別に負担状況をみると，表2－11のようである。同居世帯の方をみると夫婦揃っている類型では「子供が全部負担」は，7％から39％まで

表2－10　日常生活費を一緒にしている場合の負担

（世帯数，％）

生活費の分担	計			男			女			計（%）			男（%）			女（%）		
	～74歳	75歳～	計	～74歳	75歳～	計	～74歳	75歳～	計	～74歳	75歳～	計	～74歳	75歳～	計	～74歳	75歳～	計
1. 子供が全部	157	393	550	40	102	142	117	291	408	32.6	59.5	48.2	14.7	41.1	27.3	56.3	70.6	65.8
2. 一定額を自分達で	153	181	334	100	102	202	53	79	132	31.9	27.4	29.3	36.6	41.2	38.8	25.5	19.2	21.3
3. 子供の方から一定額	103	38	141	73	22	95	30	16	46	21.4	5.8	12.4	26.7	8.9	18.2	14.4	3.9	7.4
4. 子供の分も全部自分	41	14	55	38	11	49	3	3	6	8.5	2.1	4.8	13.9	4.4	9.4	1.4	0.7	1.0
不明	27	34	61	22	11	33	5	23	28	5.6	5.2	5.3	8.1	4.4	6.3	2.4	5.6	4.5
計	481	660	1,141	273	248	521	208	412	620	100.0	100.0	100.0	100.0	100.0	100.0	100.0	100.0	100.0

表2－11　生活費の分担はどうなっているか

（世帯数，％）

	生活費の分担	高齢単身＋既婚子			高齢夫婦＋既婚子			高齢単身＋未婚子			高齢夫婦＋未婚子			高齢単身＋子供欠損家族			高齢夫婦＋子供欠損家族		
		60～74歳	75歳～	計	60～74歳	75歳～	計	60～74歳	75歳～	計	60～74歳	75歳～	計	60～74歳	75歳～	計	60～74歳	75歳～	計
世帯数	1. 子供が全部	88	266	354	24	42	66	25	32	57	8	5	13	5	17	22		2	2
	2. 一定額を自分達で	43	81	124	55	51	106	17	20	37	21	13	34	7	6	13	2	4	6
	3. 子供の方から一定額	7	2	9	15	6	21	25	10	35	48	9	57	2		2			
	4. 子供の分も全部自分	2	2	4	3	4	7	6	4	10	26	3	29				2	1	3
	不明	4	15	19	3	5	8	6	3	9	9	1	10		2	2	1		1
	計	144	366	510	100	108	208	79	69	148	112	31	143	14	25	39	5	7	12
%	1. 子供が全部	61.1	72.7	69.4	24.0	38.9	31.7	31.6	46.4	38.5	7.1	16.1	9.1	35.7	68.0	56.4	0.0	28.6	16.7
	2. 一定額を自分達で	29.9	22.1	24.3	55.0	47.2	51.0	21.5	29.0	25.0	18.8	41.9	23.8	50.0	24.0	33.3	40.0	57.1	50.0
	3. 子供の方から一定額	4.9	0.5	1.8	15.0	5.6	10.1	31.6	14.5	23.6	42.9	29.0	39.9	14.3	0.0	5.1	0.0	0.0	0.0
	4. 子供の分も全部自分	1.4	0.5	0.8	3.0	3.7	3.4	7.6	5.8	6.8	23.2	9.7	20.3	0.0	0.0	0.0	40.0	14.3	25.0
	不明	2.8	4.1	3.7	3.0	4.6	3.8	7.6	4.3	6.1	8.0	3.2	7.0	0.0	8.0	5.1	20.0	0.0	8.3
	計	100.0	100.0	100.0	100.0	100.0	100.0	100.0	100.0	100.0	100.0	100.0	100.0	100.0	100.0	100.0	100.0	100.0	100.0

表2-12　家計に一定額を出す金額(月額)　　(世帯数)

	親が出す金額			子供が出す金額		
	60~74歳	75歳~	計	60~74歳	75歳~	計
1. 0.9万円以下	8	11	19	3	2	5
2. 1~1.9万円	3	5	8	6	1	7
3. 2~2.9万円	8	12	20	13	2	15
4. 3~3.9万円	9	20	29	12	4	16
5. 4~4.9万円	12	7	19	5	1	6
6. 5~5.9万円	10	18	28	14	6	20
7. 6~6.9万円	10	5	15	3	1	4
8. 7~7.9万円	3	4	7			
9. 8~8.9万円	2	6	8	24	11	35
10. 9~9.9万円						
11. 10万円以上	35	23	58			
小　　計	100	102	202	80	28	108
不　　明	53	79	123	23	10	23
計	153	181	334	103	38	141

で中では相対的に低い比率となっている。「高齢夫婦＋既婚子」では74歳以下で24％，75歳以上で39％である。夫婦揃っている類型の中ではやや高い方であるが，他方で，「一定額を自分達で」負担するものがそれぞれ55％と47％というように自分達で負担しているものが多くみられる。このように半数のものは自分達で一定額を負担しながら，上にみたように家計の運営は子供に委ねているのである。同居は，これまでに述べてきたところから，現在においても，子供世帯への統合，同化であるという性格が強いといえよう。

　高齢単身で同居の場合は，「子供が全部負担」の割合が，総じて高い値となる。なかでも，既婚子との同居世帯においては，6割ないし7割が「子供が全部負担」している。前表でみた「本人で」の割合が小さかったこととあわせて考えると，高齢単身で同居する者の子どもへの依存度は，きわめて高いといえる。

家計に一定額を出す場合の金額の面からさらに検討してみたい。表2－12の通りである。親が出す場合も，子供が出す場合も，3万円，5万円といった切りの良い金額であるようだ。親が出す金額は，3万円未満は不明ケースを除き74歳以下で100ケース中19ケースで19％，3万円以上6万円未満は31ケース，31％である。あわせて60％となる。10万円以上を出しているものは35ケース，35％である。75歳以上では3万円未満には102ケース中28ケースで27％，3万円以上6万円未満は45ケース44％，あわせると71％である。10万円以上は23ケース22％である。それが特定した費目かどうかについて訊ねた質問の回答では，これらの金額が「食費」であるとするものが33％，「特定の費目でない」と回答したものが20％みられた。上記の6万円未満は主として「食費」であろうし，10万円以上というような場合は「特定の費目ではない」という回答になろうと思うのであるが，食費と回答したものは33％でしかない。この質問に対する回答の特徴は，無回答が多かったことである。37％が回答しなかったものである。回答の選択肢として食費以外に，光熱費，家賃，その他，特定の費目ではない，を列挙しておいたが，なに費ということでなく出しているのであるならば金額の多寡に関係なく「特定の費目ではない」と回答されてよいはずである。4割弱の多くの者が回答を留保するような答えにくい質問とは考えなかったのであるが，無回答が多かったという事実は，負担について明確に意識化されていないというか，親子での明確な約束事になっていないということを意味するだろう。もろもろの意味を含むお世話になることへの応分の負担という意識なのかもしれない。子のサイドの負担額に8万円台が多く，3割を占めることが注目される。

　同じように，3万円，5万円という金額を渡しているのは，全収入を渡しているのではない限り客観的には「一部一緒」ということではないかと思うのだが，上記の表2－8にみられたように10～12％でしかなった。この点にも，同居にまつわる経済的意識の曖昧さが表現されているように思われる。

　これまでのところ，生活の形態をみてきたのであるが，高齢者世代の生活費

表2-13　1ヶ月の高齢世代の生活費

(世帯数, %)

生活費	計			男			女			計(%)			男(%)			女(%)		
	~74歳	75歳~	計	~74歳	75歳~	計	~74歳	75歳~	計	~74歳	75歳~	計	~74歳	75歳~	計	~74歳	75歳~	計
1. 49千円以下	49	56	105	26	29	55	23	27	50	7.3	9.9	8.5	6.1	9.0	6.9	11.5	11.3	11.4
2. 50~99千円	60	66	126	17	28	45	43	38	81	8.9	11.7	10.2	3.6	8.6	5.6	21.5	15.9	18.5
3. 100~149千円	76	65	141	50	49	99	26	16	42	11.3	11.5	11.4	10.5	15.1	12.4	13.0	6.7	9.6
4. 150~199千円	94	36	130	82	25	107	12	11	23	13.9	6.4	10.5	17.3	7.7	13.4	6.0	4.6	5.2
5. 200~249千円	90	40	130	86	35	121	4	5	9	13.3	7.1	10.5	18.1	10.8	15.1	2.0	2.1	2.1
6. 250~299千円	31	13	44	29	13	42	2	—	2	4.6	2.3	3.6	6.1	4.0	5.3	1.0	—	0.5
7. 300千円以上	32	22	54	31	17	48	1	5	6	4.7	3.9	4.4	6.5	5.2	6.0	0.5	2.1	1.4
8. わからない	243	265	508	154	128	282	89	137	226	36.0	47.1	41.0	32.4	39.5	35.3	44.5	57.3	51.5
小　計	675	563	1,238	475	324	799	200	239	439	100.0	100.0	100.0	100.0	100.0	100.0	100.0	100.0	100.0
不　明	333	425	758	186	136	322	147	289	436	(33.0)	(43.1)	(38.0)	(28.1)	(29.6)	(28.8)	(42.3)	(54.8)	(49.9)
計	1,008	988	1,996	661	460	1,121	347	528	875	(100.0)	(100.0)	(100.0)	(100.0)	(100.0)	(100.0)	(100.0)	(100.0)	(100.0)

がどのくらいか，最後に抑えておくことにしたい。それは，表2—13の通りである。全体の特徴をみるため，計の計の欄をみると最下ランクの5万円未満から25万円まで，月当たりの生活費は均等に幅広く分布し集中するところがみられない。実に生活費はまちまちで分散しており，「標準化」はみられない。高齢世帯には生活のいわゆる標準化は作用していないということを示しているようにみえる。しかし，男女別，年齢別では傾向が異なり，74歳以下の男子は15万円から25万円が多く，75歳以上は10万から15万円である。女子は74歳以下は5万から10万円未満，75歳以上も5万から10万円未満が多いが，「わからない」とする者が多いのが特徴である。これらが合わさって全体として幅広く分散することになるが，全体としては，女子の5万から10万円というレベルに収れんするといえよう。

この表でも「わからない」と回答しているものが回答している者の中の41％を占め，さらに回答しなかった無回答の者が38％みられる。これらの中には回答を拒否したものが当然含まれるが，家計については子供に任せてあるからとか，妻にまかせてあるとか，関与しないから分からないとする者が多くみられた。いずれにしろ，家計の主体でない者が多いことをあらわしている。[3]

3）同居・別居の経済的意味

次に，生活レベルからの同居に対する意識についてみることにする。「生活費は一緒でないと困るか」という質問に対する回答は表2—14のようである。世帯類型別に示している。高齢夫婦が含まれる74歳以下では，いずれの類型においても50％以上が「困らない」と回答している。他方で，高齢単身を含む世帯および75歳以上である世帯は，「困らない」と回答したものが少ないのである。「高齢単身と既婚の子供」の類型においては「困る」と「どちらともいえない」を加算すると6〜7割である。同居世帯において，経済的に「困らない」が夫婦が揃っている類型においては増加傾向にあるといえるだろう。他方で，同居でなければ経済的に困る者の量も少なくないのである。

表2-14　生活費は一緒でないと困るか

(世帯数, %)

一緒でないと困るか		高齢単身+既婚の子供			高齢夫婦+既婚の子供			高齢単身+未婚の子供			高齢夫婦+未婚の子供			高齢単身+子供欠損家族			高齢夫婦+子供欠損家族		
		60~74歳	75歳~	計	60~74歳	75歳~	計	60~74歳	75歳~	計	60~74歳	75歳~	計	60~74歳	75歳~	計	60~74歳	75歳~	計
世帯数	1.困る	54	161	215	23	34	57	31	29	60	25	11	26	4	11	15	1	2	3
	2.困らない	45	98	143	52	37	89	29	16	45	57	10	67	5	7	12	3	3	6
	3.どちらともいえない	36	66	102	19	29	48	15	17	32	17	6	23	4	6	10	1	1	2
	不明	9	41	50	6	8	14	4	7	11	13	4	17	1	1	2		1	1
	計	144	366	510	100	108	208	79	69	148	112	31	143	14	25	39	5	7	12
%	1.困る	37.5	44.0	42.2	23.0	31.5	27.4	39.2	42.0	40.5	22.3	35.5	25.2	28.6	44.0	38.5	20.0	28.6	25.0
	2.困らない	31.3	26.8	28.0	52.0	34.3	42.8	36.7	23.2	30.4	50.9	32.3	46.9	35.7	28.0	30.8	60.0	42.9	50.0
	3.どちらともいえない	25.0	18.0	20.0	19.0	26.9	23.1	19.0	24.6	21.6	15.2	19.4	16.1	28.6	24.0	25.6	20.0	14.3	16.7
	不明	6.3	11.2	9.8	6.0	7.4	6.7	5.1	10.1	7.4	11.6	12.9	11.9	7.1	4.0	5.1	0.0	14.3	8.3
	計	100.0	100.0	100.0	100.0	100.0	100.0	100.0	100.0	100.0	100.0	100.0	100.0	100.0	100.0	100.0	100.0	100.0	100.0

ところで,「困らない」と回答した者の場合は,同居は経済的理由からではないといえる。試みに,表2-14によって,困らないと回答した者はより収入の高い者と仮定し,困らないとした者のパーセンテージに相当するものがどの収入ランクになるかをみることにしたい。たとえば,「高齢夫婦＋既婚子」で74歳以下の場合,困らないという回答は52%である。表2-15で同じく「高齢夫婦＋既婚子」の60～74歳の者について,金額の高い方のランクからパーセントを加算していくと,16.8%＋4.7%＋16.9%＋7.5%＝45.9%である。これではまだ52%にならない。次のランクである20～24万円の15.9%を足すと52%を越える。少なくとも20万円以上の者が困らないと回答していると推測される。以上は,収入の高い者ほど「困らない」と回答していると仮定しての話である。「高齢単身＋既婚子」の類型でも同じようにすると15～19万円以上ということになる。他の類型は20～24万円以上である。

ここでもまた,「どちらともいえない」というはっきりしない回答が,少なからず示された。なぜ,「どちらともいえない」という回答になるのか。やってやれないことはないが苦しいということか,生活費に含まれる範囲が同居の場合と別居の場合で違うので,同居ならば共通経費が節約され苦しくないが,別居ということであれば苦しくなるということか,あるいはそのほかの理由があるのかははっきりしない。

さて,話を戻して,高齢者のみ世帯と同居世帯について,高齢者の収入にどのような差異があるかをみることにしたい。次の表2-15,および表2-16は,世帯類型別に高齢者の収入金額と収入種類を示したものである。高齢単身世帯と高齢単身が既婚子あるいは未婚子と同居している場合とで違いがあるだろうか。夫婦ではどうだろうか。表から高齢単身についてみるならば,「高齢単身のみ」の特徴は,5万円未満はさすがに少ないが,しかし,5万から15万円未満の低所得のところに64%から66%が集中している。十分な収入があるから単身で自立しているとはいえない。

他方,既婚子と同居では5万円未満が多く,また,10万円未満も多い。74歳

表 2 −15　世帯類型別の高齢者の月収総額

(世帯数, %)

月収総額	高齢単身			高齢夫婦			高齢単身+既婚子			高齢夫婦+既婚子			高齢単身+未婚子			高齢夫婦+未婚子		
	60〜74歳	75歳〜	計	60〜74歳	75歳〜	計	60〜74歳	75歳〜	計	60〜74歳	75歳〜	計	60〜74歳	75歳〜	計	60〜74歳	75歳〜	計
世帯数																		
1. 4万円以下	5	7	12	0	0	0	23	105	128	3	8	11	7	13	20	2	4	6
2. 5〜9万円	22	26	48	13	13	26	33	66	99	13	11	24	11	10	21	3	3	6
3. 10〜14万円	23	15	38	13	18	31	22	36	58	15	24	39	10	14	24	15	6	21
4. 15〜19万円	8	2	10	23	16	39	10	13	23	10	12	22	12	4	16	20	4	24
5. 20〜24万円	2	6	8	40	25	65	8	11	19	17	16	33	9	5	14	19	7	26
6. 25〜29万円	2	1	3	20	3	23	5	5	10	8	4	12	4	1	5	20	3	23
7. 30〜39万円	4	1	5	23	18	41	4	15	19	18	13	31	4	3	7	29	2	31
8. 40〜49万円	0	1	1	15	6	21	8	6	14	5	3	8	3	0	3	10	1	11
9. 50万円以上	4	3	7	33	8	41	8	9	17	18	2	20	7	2	9	18	2	20
計	70	62	132	180	107	287	121	266	387	107	93	200	67	52	119	136	32	168
%																		
1. 4万円以下	7.1	11.3	9.1	0.0	0.0	0.0	19.0	39.5	33.1	2.8	8.6	5.5	10.4	25.1	16.8	1.5	12.5	3.6
2. 5〜9万円	31.4	41.9	36.3	7.2	12.1	9.1	27.3	24.8	25.6	12.1	11.8	12.0	16.5	19.2	17.6	2.2	9.4	3.6
3. 10〜14万円	32.9	24.2	28.9	7.2	16.8	10.8	18.2	13.5	15.0	14.0	25.8	19.5	14.9	26.9	20.2	11.0	18.8	12.5
4. 15〜19万円	11.4	3.2	7.6	12.8	15.0	13.6	8.3	4.9	5.9	9.3	12.9	11.0	17.9	7.7	13.4	14.7	12.5	14.3
5. 20〜24万円	2.9	9.7	6.1	22.3	23.4	22.6	6.6	4.1	4.9	15.9	17.2	16.5	13.4	9.6	11.8	14.0	21.9	15.5
6. 25〜29万円	2.9	1.6	2.3	11.1	2.8	8.0	4.1	1.9	2.6	7.5	4.3	6.0	6.0	1.9	4.2	14.7	9.4	13.7
7. 30〜39万円	5.7	1.6	3.8	12.8	16.8	14.3	3.3	5.6	4.9	16.9	14.0	15.5	6.0	5.8	5.9	21.3	6.2	18.5
8. 40〜49万円	−	1.6	0.8	8.3	5.6	7.3	6.6	2.3	3.6	4.7	3.2	4.0	4.5	−	2.5	7.4	3.1	6.5
9. 50万円以上	5.7	4.8	5.3	18.3	7.5	14.3	6.6	3.4	4.4	16.8	2.2	10.0	10.4	3.8	7.6	13.2	6.2	11.9
計	100.0	100.0	100.0	100.0	100.0	100.0	100.0	100.0	100.0	100.0	100.0	100.0	100.0	100.0	100.0	100.0	100.0	100.0

注) 不明を除く。

第2章 高齢者の経済的側面　61

表2-16　世帯類型別の高齢者の収入の種類（重複回答）

(世帯数, %)

収入種類	高齢単身 60〜74歳	高齢単身 75歳〜	高齢単身 計	高齢夫婦 60〜74歳	高齢夫婦 75歳〜	高齢夫婦 計	高齢単身＋既婚子 60〜74歳	高齢単身＋既婚子 75歳〜	高齢単身＋既婚子 計	高齢夫婦＋既婚子 60〜74歳	高齢夫婦＋既婚子 75歳〜	高齢夫婦＋既婚子 計	高齢単身＋未婚子 60〜74歳	高齢単身＋未婚子 75歳〜	高齢単身＋未婚子 計	高齢夫婦＋未婚子 60〜74歳	高齢夫婦＋未婚子 75歳〜	高齢夫婦＋未婚子 計
件数	1.稼働収入	23	9	32	116	25	141	37	33	70	58	17	75	25	5	30	107	6	113
	2.年金収入	72	70	142	206	132	338	151	366	517	131	127	258	85	77	162	135	44	179
	3.財産収入	7	5	12	24	21	45	16	14	30	13	17	30	3	5	8	12	4	16
	4.貯金引出し	15	13	28	26	22	48	7	13	20	11	10	21	10	3	13	12	3	15
	5.仕送り,贈与	14	17	31	13	15	28	5	14	19	3	4	7	3	8	11	4	4	8
	6.福祉手当等		2	2					5	5		2	2		1	1	3	1	4
	7.生活保護	9	6	15	1	2	3	1		1				1		1	1		1
	8.その他	1		1	6	2	8	4	11	15	4	2	6	5	2	5		1	11
	9.なし	3	2	5	2	1	3	5	17	22	2	2	4	1	1	2		1	2
	計	144	124	268	394	220	614	225	474	699	222	181	403	132	102	234	286	63	349
	世帯数	90	81	171	229	138	367	170	399	569	146	134	280	95	79	174	177	45	222
世帯数を100とした%	1.稼働収入	24.0	10.6	17.7	48.5	17.9	37.2	20.9	7.9	11.8	38.7	12.3	26.0	24.8	6.2	16.5	58.5	13.3	49.6
	2.年金収入	75.0	82.4	78.5	86.2	94.3	89.1	85.3	87.6	86.9	87.3	92.0	89.6	84.2	95.1	89.0	73.8	97.8	78.5
	3.財産収入	7.3	5.9	6.6	10.0	15.0	11.9	9.0	3.3	5.0	8.7	12.3	10.4	3.0	6.2	4.4	6.6	8.9	7.0
	4.貯金引出し	15.6	15.3	15.5	10.9	15.7	12.7	4.0	3.1	3.4	7.3	7.2	7.3	9.9	3.7	7.1	6.6	6.7	6.6
	5.仕送り,贈与	14.6	20.0	17.1	5.4	10.7	7.4	2.8	3.3	3.2	2.0	2.9	2.4	3.0	9.9	6.0	2.2	8.9	3.5
	6.福祉手当等	0.0	2.4	1.1	0.0	0.0	0.0	0.0	1.2	0.8	0.0	1.4	0.7	0.0	1.2	0.5	1.6	2.2	1.8
	7.生活保護	9.4	7.1	8.3	0.4	1.4	0.8	2.3	0.2	0.2	0.0	0.0	0.0	0.0	2.5	1.1	0.5	0.0	0.4
	8.その他	1.0	0.0	0.6	2.5	1.4	2.1	2.3	2.6	2.5	2.7	1.4	2.1	5.0	0.0	2.7	5.5	2.2	4.8
	9.なし	3.1	2.4	2.8	0.8	0.7	0.8	2.8	4.1	3.7	1.3	1.4	1.4	1.0	1.2	1.1	1.1	0.0	0.9
	計	150.0	145.9	148.1	164.9	157.1	162.0	127.1	113.4	117.5	148.0	131.2	139.9	130.7	125.9	128.6	156.3	140.0	153.1

以下では46％，75歳以上で64％である。経済的扶養の必要性は明らかである。他方で20万円以上のものも74歳以下で26％，75歳以上で17％と高齢単身のみと比べるとやや多い。未婚の子供との同居世帯の特徴はとらえづらい。10万円未満の低所得者は既婚子と同居ほどは多くない。しかし74歳以下と75歳以上で傾向が違い，75歳以上では10～15万円未満の世帯が多く，20万円以上層は少ない。つまり，「高齢単身のみ」は，経済的に十分な基盤があるから自立しているとはいえないし，既婚子・未婚子を問わず，同居している高齢者は，15万円未満のものが圧倒的に多く，経済的な扶養の必要性がきわめて高いのである。

次に，高齢夫婦についてみることにしたい。高齢夫婦だけの世帯では，5万円未満はない。15万円未満は74歳以下の14％と75歳以上の29％である。このランクの生活は経済的に苦しいだろう。もっとも多くの者が集中するのは20万円から25万円未満の収入ランクのものである。既婚子と同居の特徴は，5万円未満のものが74歳以下で3％と75歳以上で9％みられること，15万円以下が5万円未満も含めて74歳以下で29％，75歳以上で46％であるが，この部分は明らかに経済的扶養が必要であろう。30万円以上の収入があり経済的に全く問題がないといえるものも，74歳以下が38％と75歳以上が19％とみられる。このように先にみた「困らない」者の割合が，収入額の点でも裏付けられる。

未婚の子供と同居の夫婦は，既婚の子供と同居のものほど15万円未満のものの割合は，74歳以下は15％と多くない。しかし，75歳以上は41％と高い割合となる。高齢単身ほどではないが，夫婦でも，夫婦のみでは，経済的にきついと思われる世帯が多くあり，子供からの扶養を期待せざるを得ないものがみられる。

以上，高齢者の収入金額と関わらせながら，高齢者の生活形態についてみてきた。以前は，同居し，老親の経済的扶養を当然としてきた。それは，生産的な活動からのリタイアが同時に収入の喪失を意味した時代には子供による丸抱えの扶養によるしか老後生活の維持はありえなかったからである。今日では，一定の収入がある。主たるものは年金収入，そして60歳代ではまだ稼働収入が

ある者も多い。これらの高齢者自身の収入があることで，一つの家の中に同居している家族員の複数の者に（子供の妻や孫にも）収入があり，その収入の全額が以前のように一つのサイフに一旦まとめられるということでなく，収入の一部を持ち寄って部分的に共同化し，それぞれの残余の部分については関与しないという方向に進むことが一つの選択肢として，つまり，同居しながら自立的である形が考えられうる。

　実態として上述してきたことからいえることは，同居しながら部分的に，親世代と子世代がフィフティ・フィフティの関係で共同するという形をとっているものは少なくて，別居か，もしくは同居して「全部自分（夫婦）で」か「全部一緒」かという両極に分化し，同居の場合は後者，つまり子供に同化する方により傾斜している。とするならば，高齢者の一定の経済力の確保は，別居を選択し促進していくことに作用するだろう。

　では，高齢者のみの世帯の総収入額はどうであったか。単身世帯では，5万円から15万円，夫婦世帯では20万円から25万円が多かった。単身世帯で5万円から10万円のランクというのでは，保護基準並み，または以下の低所得としかいえないが，その部分を含みながら，なんとか生活をたてている状況である。豊かで，十分な生活水準とは言いがたい。このような生活状況の中で高齢者のみの生活形態が選択されているのである。

　同居世帯における収入にはかなりの幅がみられた。低いものから高額のものまであり，夫婦揃っている場合には比較的高額の者が多かったが，15万円未満の者が3割ないし4割みられ，子供との共同ないし子供による扶養を必要とする。単身の場合は10万円未満のものが圧倒的に多く，子供との共同ないし子供からの扶養を必要とするといえる。

3．高齢者の生活条件

1）高齢者の生活の枠組み

　高齢者の生活を規定する要素が所得に一元化されないことは，経験的に周知

表 2-17 働いている者の稼働収入, 男性 (人)

年金 稼働収入	95万円以下		96〜179万円		180万円以上		計		
	60〜74歳	75歳〜	60〜74歳	75歳〜	60〜74歳	75歳〜	60〜74歳	75歳〜	計
4万円以下	2	—	2	3	—	1	4	4	8
5〜9万円	6	5	7	2	2	—	15	7	22
10〜14万円	17	1	12	—	10	—	39	1	40
15〜19万円	12	1	9	2	7	3	28	6	34
20〜29万円	15	5	13	3	10	—	38	8	46
30〜49万円	14	2	5	10	13	—	32	2	33
50万円以上	18	4	3	2	14	1	35	7	42
計	84	18	51	22	56	5	191	45	236

のことであるし，これまで述べてきたことことからも家族の要素が重要であることはすでに明らかであろう。[4)]

　ここでは，次のような枠組みで高齢者世帯の生活条件をとらえたいと考える。その枠組みは，高齢者生活における基本的枠組みとして考えるものであり，老後生活の安定，不安定を評価する材料として選ぶものである。その第一は年金額である。第二は住宅の種類と所有関係，第三は子世代との同居・別居である。第一の年金は，上述したようにほとんどの高齢者が得ている収入種類であり，勤労者の老後生活の基本条件と考えられるものである。年額180万円，月当たりでは15万円，および96万円，月当たり8万円の区切りを設け，3区分している。15万円および8万円の意味についてはすでに述べたので，繰り返さない。実際の生活の収入面は，年金だけではなく勤労収入や財産収入が付加されるのであるが，稼働収入はいずれ，退職とともになくなる収入である。財産収入はあるものが少ない。生活の現状を捉えるというのであれば，これらの収入も入れるべきであるが，生活の基本条件として押さえるというここでの目的からして年金額に限定してよいであろう。

　ちなみに，年金階級別に男子の稼働収入の分布を示しておくことにすると，表2-17の通りである。表より年金額がより少ないもののグループの就業率が

表 2-18　世帯類型別の住宅の種類

(%)

住宅の種類	高齢単身			高齢夫婦			高齢単身＋既婚子			高齢夫婦＋既婚子			高齢単身＋未婚子			高齢夫婦＋未婚子		
	60～74歳	75歳～	計	60～74歳	75歳～	計	60～74歳	75歳～	計	60～74歳	75歳～	計	60～74歳	75歳～	計	60～74歳	75歳～	計
1. 持　　家	54.2	49.4	51.9	77.0	75.0	76.3	90.2	91.4	91.0	95.3	95.7	95.5	64.4	69.1	66.5	78.1	88.9	80.3
2. 公営住宅(1種)	6.3	2.4	4.4	1.7	1.4	1.6	1.1	1.4	1.4	0.0	0.0	0.0	4.0	4.9	4.4	3.8	2.2	3.1
3. 民間の独立家庭	1.0	5.9	3.3	2.9	5.7	4.0	0.6	1.2	1.0	0.7	0.7	0.7	5.9	3.7	4.9	3.8	4.4	3.9
4. 木賃アパート	9.4	16.5	12.7	2.1	1.4	1.8	0.6	0.0	0.2	0.0	0.0	0.3	5.0	0.0	2.7	0.0	0.0	0.0
5. 公営住宅(2種)	10.4	8.2	9.4	5.0	4.3	4.7	0.0	1.0	0.7	0.0	0.0	0.0	4.0	3.7	3.8	2.7	0.0	2.2
6. 民間のマンション	0.0	2.4	1.1	0.4	1.4	0.8	0.6	0.2	0.3	1.3	0.0	0.7	0.0	1.2	0.5	0.5	0.0	0.4
7. 給 与 住 宅	1.0	0.0	0.6	1.3	0.7	1.1	2.9	1.2	1.7	0.0	1.4	1.4	2.0	0.0	1.1	0.5	0.0	0.4
8. 公 団 住 宅	12.5	8.2	10.5	5.9	7.9	6.6	3.4	2.4	2.7	2.0	0.7	1.4	11.9	8.6	10.4	6.0	4.4	5.7
9. 借 間	2.1	4.7	3.3	1.3	0.7	1.1	0.6	0.0	0.2	0.0	0.7	0.3	1.0	4.9	2.7	2.7	0.0	2.2
不 明	3.1	2.4	2.8	2.5	1.4	2.1	0.0	1.2	0.8	0.0	0.7	0.3	2.0	3.7	2.7	2.2	0.0	1.8
計	100.0	100.0	100.0	100.0	100.0	100.0	100.0	100.0	100.0	100.0	100.0	100.0	100.0	100.0	100.0	100.0	100.0	100.0

高いという傾向がみられるが，年金額と稼働収入額との相関関係は明確ではない。

　第二の住宅と所有関係については，1．持家（自分名義），2．持家（子供名義），3．借家の三区分とする。子供との共有名義の場合は1．とみなしている。名義にこだわるのは経済的な自立性，ひいては生活の継続性，家族の中での地位を評価する上で重要と考えるからである。高齢者を含む世帯の持家率は高いと通常いわれているが，子供名義の家では正しい意味での持家とはいえまい。また，子供名義の家に地方から移住してきた被扶養者かどうかも関連してとらえたい点である。その点については次の3章で述べるつもりである。

　ところで，上述したように持家といえ，その内容はいろいろであるが，全体として住宅の種類が世帯類型別にどのようであるかを示しておきたい。それは表2－18の通りである。表によると高齢単身の持家率はもっとも低い。74歳以下で54％，75歳以上で49％であり，75歳以上では5割以下である。「高齢夫婦＋既婚子」の場合が持家率が高く，95％である。住宅条件が高齢者の子供との同居に一定の影響を与えているといえる。

　また，資産に関しては，1章で述べたが「いまの住まい以外に3,000万円以上の貯金・資産がありますか」という質問をしたところ19％のものから「ある」という回答を得た。その資産は持家（自分名義）のものの上に付加されると考えてよいであろう。

　第三の同居・別居については，その間に「別居後同居」という区分を設けた。このことについては，次章で詳しく述べるつもりである。目下のところその絶対量はまだ多くはないが，若い世代の別居志向の高まり，あるいは，仕事の関係による地域移動が頻繁であることから，将来的には増加するであろうと予想される。いわば先取りした形で現れているということであろうが，その特徴を押さえておきたいのである。

　本来，現代生活にとっての必須である側面ないし条件は，家族，収入，住宅であろうと考えられる。それぞれについて，ここでは，上記のような指標と区

第2章 高齢者の経済的側面 67

表2-19 年金，住宅，同居・別居 （世帯数，%）

		60〜74歳								75歳以上							
		自分持家		子供持家		借家		計		自分持家		子供持家		借家		計	
		実数	%	実数	%	実数	%	実数	%	実数	%	実数	%	実数	%	実数	%
年金180万円以上	同居	110	52.1 / 80.9	11	42.3 / 8.1	15	41.7 / 11.0	136	49.8 / 100.0	59	50.4 / 76.6	13	38.2 / 16.9	5	16.7 / 6.5	77	42.5 / 100.0
	別居後同居	16	7.6 / 41.0	11	42.3 / 28.2	12	33.3 / 30.8	39	14.3 / 100.0	13	11.1 / 41.9	16	47.1 / 51.6	2	6.7 / 6.5	31	17.1 / 100.0
	別居	85	40.3 / 86.7	4	15.4 / 4.1	9	25.0 / 9.2	98	35.9 / 100.0	45	38.5 / 61.6	5	14.7 / 6.8	23	76.7 / 31.5	73	40.3 / 100.0
	小計	211	100.0 / 77.3	26	100.0 / 9.5	36	100.0 / 13.2	273	100.0 / 100.0	117	100.0 / 64.6	34	100.0 / 18.8	30	100.0 / 16.6	181	100.0 / 100.0
年金179万円〜96万円	同居	71	56.8 / 62.8	27	65.9 / 23.9	15	31.3 / 13.3	113	52.8 / 100.0	65	60.2 / 63.1	31	53.4 / 30.1	7	30.4 / 6.8	103	54.5 / 100.0
	別居後同居	12	9.6 / 44.4	13	31.7 / 48.1	2	4.2 / 7.4	27	12.6 / 100.0	15	13.9 / 38.5	21	36.2 / 53.8	3	13.0 / 7.7	39	20.6 / 100.0
	別居	42	33.6 / 56.8	1	2.4 / 1.4	31	64.6 / 41.9	74	34.6 / 100.0	28	25.9 / 59.6	6	10.3 / 12.8	13	56.5 / 27.7	47	24.9 / 100.0
	小計	125	100.0 / 58.4	41	100.0 / 19.2	48	100.0 / 22.4	214	100.0 / 100.0	108	100.0 / 57.1	58	100.0 / 30.7	23	100.0 / 12.2	189	100.0 / 100.0
95万円以下	同居	109	54.8 / 52.7	52	61.9 / 25.1	46	44.2 / 22.1	207	53.5 / 100.0	116	66.3 / 30.9	201	70.3 / 53.6	58	52.3 / 15.5	375	65.6 / 100.0
	別居後同居	20	10.1 / 42.6	23	27.4 / 48.9	4	3.8 / 8.5	47	12.1 / 100.0	23	13.1 / 21.9	78	27.3 / 74.3	4	3.6 / 3.8	105	18.4 / 100.0
	別居	70	35.1 / 52.6	9	10.7 / 6.8	54	51.9 / 40.6	133	34.3 / 100.0	36	20.6 / 39.1	7	2.4 / 7.6	49	44.1 / 53.3	92	16.1 / 100.0
	小計	199	100.0 / 51.4	84	100.0 / 21.7	104	100.0 / 26.9	387	100.0 / 100.0	175	100.0 / 30.6	286	100.0 / 50.0	111	100.0 / 19.4	572	100.0 / 100.0
	計	535	— / 61.2	151	— / 17.3	188	— / 21.5	874	100.0 / 100.0	400	— / 42.5	378	— / 40.1	164	— / 17.4	942	100.0 / 100.0

注）年金なし，不明は含まない。
　　共有名義，はじめ自分後子供名義は自分名義とする。
　　%の上段は，縦の小計を100としたもの，下段は横の計を100としたもの。

分を用い，その組合せでもって，条件の相違を具体的に捉えることにする。

ところで，年金は，いうまでもないが金額の多い者ほどよりよい条件のもとにあるといえる。住居は，持家（自分名義），持家（子供名義），借家の順であるといえよう。ところが，最後の家族に関しては，同居がよい条件なのか，別

居の方がよいのか一概にいえない事柄である。現在の日本では，まだ同居のほうをよりよいとする者の方が多いといえようが，社会規範や考え方からだけで同居・別居が選択されるわけではないことは，すでに，明らかにしたところである。

2）生活条件の違いの実態

以上の三項目をクロスした表を示すと次の表 2 －19の通りである。74歳以下と75歳以上に分けて示している。また，この表のパーセンテージは，上段に縦の小計を100としたものを，下段に横計を100としたものを示している。そうすることで，年金額による相違点，および住宅の所有関係による相違点を明確にすることができる。

さきに，大きな括りの中に含まれるケース数について述べておきたい。74歳以下では95万円以下が387世帯で74歳以下の世帯の中の44％，次が180万円以上で274世帯（31％），最後が179万円以下96万円以上の214世帯（25％）である。75歳以上では，やはり，年金95万円以下のグループがもっとも多いが，572世帯（60％）と際だっている。次に180万円以上と，179万円以下96万円以上はほぼ同じ世帯数で，前者が191世帯，後者が189世帯で，ともに20％である。

まず，74歳以下で年金が180万円以上の世帯の場合，持家（自分名義）を自分持家と略することにすると，77％がそうである。ここには子供との共有名義の者，および「初め自分名義，後子ども名義」つまり二世帯同居に建て替えて建物が子供名義というのは有りがちのことと思われるが，それは共有名義と大差はないと判断して，ともに「自分持家」の中に分類している。次の子供名義の子供持家は10％，借家は13％である。このように自分持家が圧倒的に多いが，同居するか別居するかは，この範疇では，経済的な面からは，おそらく自由に選択されていると思われる。この括りの中で注目されるのは，別居後同居のものの住宅の特徴である。ケース数は少ないのであるが，子供持家や借家の比率がそれぞれ3割を占めており，他とは，住宅の性格の違いが著しい。

次の，年金179万円〜96万円のグループは，180万円以上と比べて，同居，別居の全体としての傾向はあまり変わりはない。住宅は，自分持家が減少し，子供持家と借家が増加する。自分持家の者の同居・別居の割合は，180万円以上と変わりはない。この年金額があれば，自由な選択によるゆとりのある暮らしとはいえないだろうが，やってやれないことはないのかも知れない。このグループでも別居後同居では子供持家の割合が高く，さらに，別居に，借家のものが4割もみられる。この条件の者の暮らしは楽ではなかろう。

最後の95万円以下のグループでは，自分持家はさらに減少し，51％とほぼ半数でしかない。しかし，計欄にみられる全体としての同居・別居の割合は，上記の二つのグループと変わりはほとんどない。自分持家の場合の同居・別居の構成比も上記の二つのグループと変わりがない。大きな数値であるのは，子供持家の同居および別居後同居と借家での同居と別居である。年金180万円以上では子供持家や借家のもの自体が少なかったのであるが，95万円以下では子供持家で同居，借家で別居のものが多くみられる。

同じように，75歳以上のものについて特徴をみることにしたい。年金180万円以上の世帯についてみると，74歳以下と比べて，小計の欄の自分持家の割合が小さく，子供持家が2倍に増え，借家も多少増加する。縦計における同居・別居の割合はというと，同居のものが74歳以下よりも小さな割合である。別居後同居のものの割合はいくらか大きくなるが，別居は，74歳以下よりも小さくなって当然と思われるのだが，大きい割合である。180万円以上の年金があれば75歳以上の後期高齢期になっても，別居後同居はいくらか増加しても全体としての同居率は高まらないということである。そのほかに，このグループで注目される点は，借家のものの別居率の高さである。借家では77％もが別居である。

次のグループの179万円〜96万円では，小計の欄で自分持家率をみると，子供持家率が74歳以下と比べて大きな値となっている。31％が子供持家に住んでいる。縦計の特徴は，別居後同居が多くなり，その分，別居が少なくなることである。同居への移動があることが予想される。

表2−20（その1）　　生活条件の格差と分布，推計値　　（世帯数，%）

住宅と所有関係＼年金＼同別居	受給年金180万円以上(年額)				受給年金179万円以下(年額)				計
	同居	別居後同居	別居	小計	同居	別居後同居	別居	小計	
1．持家（自分名義）	882 (10.7)	140 (1.7)	680 (8.3)	1,702 (20.7)	1,661 (20.2)	310 (3.8)	908 (11.0)	2,879 (35.0)	4,581 (55.7)
2．持家（子供名義）	107 (1.3)	114 (1.4)	39 (0.5)	260 (3.2)	1,124 (13.7)	495 (6.0)	100 (1.2)	1,719 (20.9)	1,979 (24.0)
3．借家	112 (1.4)	85 (1.0)	119 (1.4)	316 (3.8)	573 (7.0)	58 (0.7)	724 (8.8)	1,355 (16.5)	1,671 (20.3)
計	1,101 (13.4)	339 (4.1)	838 (10.2)	2,278 (27.7)	3,358 (40.8)	863 (10.5)	1,732 (21.0)	5,953 (72.3)	8,231 (100.0)

注）ケース数は不明を除いてある。
　　（　）内は有効ケース数を100とした割合。

　第三番目のグループの96万円以下では，自分持家は31%になり，子供持家が50%である。このように子供持家が多いのがこのグループの特徴である。借家も20%であるが，上記の二つのグループよりも大きな割合である。次に，縦計をみると同居は66%である。74歳以下も含めた他のグループと比べてもっとも大きな割合である。自分持家であれ，子供持家であれ，借家であれ，同居の比率が高い。さらに加えて，子供持家で別居後同居のものが78世帯あり，別居後同居のうちの74%が子供持家での同居である。

　以上から，同じ高齢者といってもいろいろな生活条件の違いがあることが理解できる。自分持家であれば同居・別居の比率は，あくまで量的関係としてみた場合ということであり，それ以上の生活内容には分析は及ばないが，年金額による違いはほとんどないといえる。ところが，子供持家，借家となると年金額による相違は明らかであり，75歳以上の年金が95万円以下のグループは注目すべきグループである。前記したが，このグループは75歳以上の6割を占める。75歳以上の代表ともいえるグループであるが，そのグループにおける子ども持家の同居および別居後同居のものの大きさは，特に注目される点である。

3）生活条件の格差と分布

　前項の分析をふまえて，その集約として，格差のある生活条件の分布状況を示すことにしたい。できるだけ単純化して捉えられるように，年金を180万円以上と179万円以下に二分することとし，年齢別も推計値として年齢区分をなくしている。その結果は，表2―20（その1）のようである。ここでの（　）内に示されているパーセンテージは，総世帯数であるところの8,231世帯を100としたものであり，各升目に含まれる世帯数のパーセントである。

　この三指標のうち，年金以外の指標はきわめて日本的といえるだろう。高齢期の住宅について，住宅の機能として広さや設備が高齢者向きであること以前に，持家かどうか，名義がどうかということが高齢期の生活を左右する。同居・別居が重要であることも日本ならではの事情であろう。健康で生活が成り立つ限りにおいて同居は必ずしも好まれない傾向になってきている。したがって，高齢者のみ世帯が社会福祉ニーズを多く持つ世帯，同居世帯は持たない世帯とは一概にいえない。だが，高齢者のみ世帯，なかでも単身世帯は種々の困難をより多く抱える世帯ではある。

　さて，表をみることにしたい。この中に三つのグループを指摘できよう。一つは年金が180万円以上で自分名義の持家のあるもの。二つは年金が179万円以下で持家で同居のもの。三つは年金が179万円以下で別居のものである。第一のグループの場合は，同居か別居かは生活困難という観点からみて違いは基本的にないといえるだろう。別居者は選択的な別居者でかなりのところ占められるであろうからである。年金額が高いものに持家のものが多いことも付言しておきたい。年金額は雇用者であったものの場合，働いていたときの賃金に連動するのであるから，そのストックである持家が結果として多くなるのは当然といえる。よりよい条件を持つものは三拍子揃ってよいということである。このグループは，21％である。

　次いで，第二のグループは，年金は低いが持家で同居のものである。このグループは同居であることを経済的に必要としているし，同居でなければ全体的

な生活が成り立たない。「別居後同居」がこのグループに多いことも指摘しておきたい。「別居後同居」とは，一旦世帯を分離し，住まいも別で場合によっては居住地も別であったものが，親が年を取り同居するようになったものである。この第二グループは44%であり，大きなグループである。高齢者を含む世帯の中核といえる。

第三は年金が179万円以下で，借家で別居のものである。すべての条件が悪いグループである。9%を占める。同じ179万円以下で借家でありながら同居しているものが同じく8%みられる。どちらが生活条件として良いかは一概にいえないだろう。前者は無理があっても他に仕様がない同居かも知れないし，後者は困難を抱えていても同居できないでいるのかもしれない。そもそも子供がいないのかもしれないということも考えられる。

さらに，75歳以上の者についてだけみたのが表2−20（その2）である。第一グループは12.5%であり，第二グループは，58.3%となり，第三グループは7%である。第二グループが6割弱と多いことが特に注目される。

以上のように，第二グループの生活条件が，代表的であるとするならば，低年金収入に持家と同居が補完されて，老後生活は成り立っているといえるので

表2−20（その2） 75歳以上の者の生活条件の格差と分布，推計値 （世帯数，%）

住宅と所有関係 \ 年金・同別居	受給年金180万円以上(年額)				受給年金179万円以下(年額)				計
	同居	別居後同居	別居	小計	同居	別居後同居	別居	小計	
1．持　家（自分名義）	153 (6.3)	34 (1.4)	116 (4.8)	303 (12.5)	468 (19.2)	98 (4.0)	166 (6.8)	924 (30.0)	1,034 (42.5)
2．持　家（子供名義）	34 (1.4)	41 (1.7)	13 (0.5)	88 (3.6)	600 (24.6)	256 (10.5)	34 (1.4)	890 (36.5)	978 (40.1)
3．借　家	13 (0.5)	5 (0.2)	59 (2.4)	77 (3.1)	168 (6.9)	18 (0.7)	160 (6.6)	346 (14.2)	424 (17.4)
計	200 (8.2)	80 (3.3)	188 (7.7)	468 (19.2)	1,236 (50.7)	372 (15.2)	360 (14.8)	1,968 (80.8)	2,436 (100.0)

注）ケース数は不明を除いてある。
　（　）内は有効ケース数を100とした割合。

ある。

注)
1)　那須宗一『老人世代論』（芦書房，1969年）の中に，昭和30年の品川区の調査結果とフランクフルトとの比較に基づく以下のような指摘がみられる。「日本の老人家族を問題とする立場からすればもっとも多数を占める同居形態の中に問題の重要性がある」と172ページ。その問題というのは嫁姑のテンション，親と子と孫の役割葛藤，未成年の子どもを持った高齢者世代の生活問題というように列記されている。
2)　「寝たきり」問題に関する調査は，同居世帯の問題を指摘するものといえる。昭和38年に東京都社会福祉協議会『家庭内寝たきり老人の実態』調査は「寝たきり」という言葉を造語したことで知られるが，元淑徳大学教授村井隆重による調査である。在宅老人の介護問題を社会的に強くアピールした優れた調査である。
3)　高齢者の家計の自立化の傾向を指摘したものに，鎌田とし子，佐々木明子『老後生活の共同を考える』青木書店，1992年や，本調査のデーターも用いながら書かれている岩田正美『老後生活費』法律文化社，1990年がある。筆者のとらえ方よりも自立化の傾向をより強調した捉え方がなされている。
4)　高齢者の生活のレベルは，特にわが国では所得水準のみではとらえられないと考えられてきている。松崎粂太郎は『老人福祉論』（光生館，1986年）の中で，生活維持方法の類型を示し，その構成要素として，稼働収入，持家，年金をあげている（81ページ）。さらに，「生活階層」という概念を示して，それを構成する指標として，イ住居（部屋数＋風呂の有無），ロ健康（健康，通院，病気寝たきり），ハ経済（世帯所得階級の3段階）をあげている（102ページ）。佐藤嘉夫は「中高年労働者の生活実態」（江口英一編著『社会福祉と貧困』）の中で，子供，年金，貯蓄をあげている。

第3章　高齢者をめぐる家族の実態

　前章において，すでに，高齢者を含む家族が，形態の多様さとともに，家族構成は固定的ではなく変化することが示唆された。この章では，高齢者を含む家族が今日どのような状況にあるのかをさらに詳しく明らかにしたいと考える。第一に，家族形態の多様さやその抱えている問題について，そして第二に，高齢者を含む家族の変化の状況と変化に作用している要因についてみていくつもりである。

1．高齢者を含む家族の特徴

1）高齢者を含む世帯の家族構成

　高齢者を含む世帯の家族構成（以下世帯類型という）については，すでに第2章において述べたが，いま一度，前掲表の表1－9から世帯の家族構成の特徴を要約すると，「高齢者のみ世帯」が29.1％，「既婚子との同居世帯」が45.9％，「未婚子との同居世帯」が19.4％，「その他子供欠損世帯との同居世帯」等が3.2％であった。通常指摘されるように同居世帯は7割と多いのであるが，同居世帯は通常イメージされるところの三世代世帯ばかりではない。同居世帯の3分の2弱の世帯は三世代世帯であるが，3分の1の世帯はそうではない。未婚の子供や母子世帯や父子世帯の欠損世帯との同居である。この点に注目すべきことをすでに指摘した。この章では第2章で述べた経済問題とともに，介護問題をも持つようになるかもしれないところの高齢者を含む世帯がどのような家族形態の下にあり，どのような関係を取り結んでいるかを明らかにしたいのである。

　家族構成は，加齢にともなうライフサイクル上の位置により当然異なり変化する。前掲表2－7を図示すると図3－1のようになるが，この図によりなが

第3章　高齢者をめぐる家族の実態　75

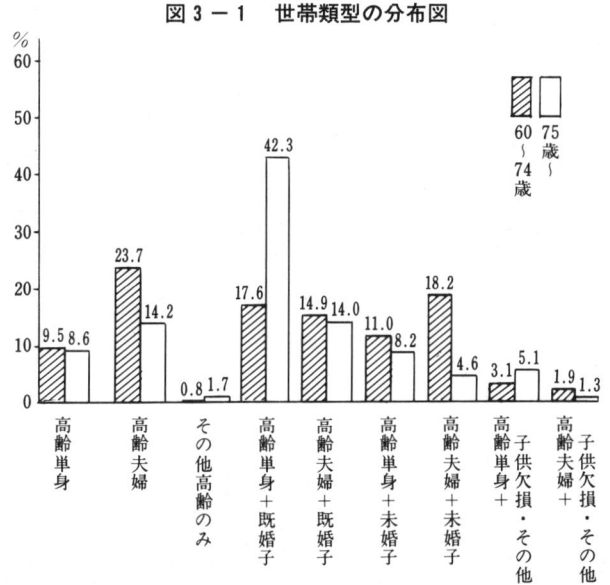

図3－1　世帯類型の分布図

（60～74歳／75歳～）

世帯類型	60～74歳	75歳～
高齢単身	9.5	8.6
高齢夫婦	23.7	14.2
その他高齢のみ	0.8	1.7
高齢単身＋既婚子	17.6	42.3
高齢夫婦＋既婚子	14.9	14.0
高齢単身＋未婚子	11.0	8.2
高齢夫婦＋未婚子	18.2	4.6
高齢単身＋子供欠損・その他	3.1	5.1
高齢夫婦＋子供欠損・その他	1.9	1.3

　ら，74歳以下と75歳以上の高齢代表者を含む世帯の家族構成を比較し，前期高齢期と後期高齢期に大きく分けた二つの年齢層における家族構成の相違を概観することにしたい。

　図は，二つの年齢層のそれぞれの世帯計を100パーセントとしている。これをみると，74歳以下と75歳以上で家族構成に違いがあることは明瞭である。二つの年齢層の前者，つまり74歳以下で際だって多いのは，「高齢夫婦」と「高齢夫婦＋未婚子」の類型である。前者は74歳以下が24％であるのに対して，75歳以上では14％である。後者は74歳以下が11％であるのに75歳以上は5％と割合が減少している。他方で増加が顕著であるのが「高齢単身＋既婚子」である。「高齢単身」「高齢夫婦＋既婚子」「高齢単身＋未婚子」はパーセンテージの大きな変化はみられない。

　ところで，もっとも典型的な同居世帯の形とされるのは「高齢夫婦＋既婚子」であるが，二つの年齢層において，ともに14％と少ない数値でしかないことに注目したい。子供と一貫して同居していて子供が結婚した場合，つまり「高齢

夫婦＋未婚子」からの変化と，子供と一旦別居したが後に同居した場合，つまり「高齢夫婦」からのものとがあるだろう。他の類型においても同居が一貫している場合とそうでない場合があるであろうが，道筋は個々にさまざまであってもその総和として図のような結果であり，「高齢夫婦＋既婚子」の類型は少ないのである。75歳以上において「高齢夫婦のみ」は14.2％あり，既婚子と同居しているものの割合とほとんど同じである。つまり，別居と同居は半々の割合ということである。ちなみに「高齢単身」が8.6％であるのに，「高齢単身＋既婚子」は42.3％である。

「高齢夫婦」および「高齢夫婦＋未婚子」が75歳以上において小さな数値となるのは，加齢により夫婦の片方が亡くなり単身化し，未婚の子は既婚の子となるか独立して別居するかであろうから，当然のこととして容易に理解できることである。しかし，理解しにくいことは，「高齢夫婦＋既婚子」が一定の割合であることである。増加するのは「高齢単身＋既婚子」の類型である。しかも，「高齢単身のみ」の割合も1割弱でほぼ一定であり，二つの年齢階層間に割合としては変化がみられない。

以上から高齢期の世帯の家族構成の特徴を拾うならば，第一に，「高齢単身＋既婚子」が，75歳以上においてもっとも多いこと，第二に，とはいえその割合は42％であって，単身や夫婦，その他高齢者のみの世帯が25％を占め，さらに未婚子との同居や子供欠損世帯，およびその他との同居が6.5％であることに注目する必要があると思われる。つまり，現在の高齢者の家族形態は，さまざまである。そして，その背景や事情もさまざまであろうことが想像されるのである。その点を以下の項で述べることにしたい。[1][2]

2）別居世帯および同居世帯の性格

この節では，同居世帯と別居世帯についてそれぞれの特徴を箇条書き的に述べることにする。ここで述べるのは，家族関係というよりは，主として生活を支える家族機能の側面についてである。

(1) 別居世帯＝「高齢者のみ世帯」について

イ 「高齢者のみ世帯」の割合

　「高齢者のみ世帯」について，74歳以下と比べて75歳以上は夫婦世帯の割合が減少することを上述した。さらに，詳しく他の世帯類型についてもみるために，年齢の5歳刻みで家族構成を示すと，表3－1のようである。高齢者のみの世帯は，「高齢単身」と「高齢夫婦」と「その他高齢者のみ」からなる。「その他高齢者のみ」というのは，高齢者世帯の中でもより高年齢層に多いことに示されているように，高年齢の親とその子供か「嫁」からなり，その子供や「嫁」も60歳以上である世帯か，高齢者の兄弟で一緒に住んでいる世帯である。

　この三者の中でもっとも多いのは「高齢夫婦」である。いずれの年齢層においてももっとも多い。日本の高齢者のみ世帯の中核が，「高齢単身」ではなく「高齢夫婦」であることは注目すべき点といえよう。「高齢夫婦」の割合は，当然のことだが年齢の若い層ほど高く，60～64歳ではその年齢層の世帯計の27％を占めている。年齢層が65～69歳と一段階上がると21％にも減少する。そして，年齢が高くなるにつれてパーセントは小さくなっていくが，減り方は緩慢で，75～79歳でもまだ17％を占める。つまり，夫婦またはその片方が健在である間は，別居を志向する傾向が強いということであろう。

　他方，「高齢単身世帯」は，低い年齢層から80～84歳まで9％強もしくは弱であり，割合の変化はほとんどみられない。つまり，「高齢夫婦」の減少分が，個々的にはあるとしても，全体としての量をみると，そのまま「高齢単身」へ移行していないということである。先に述べたように，子供との同居へ移る者がいるということであろう。さらに，「その他高齢者のみ」世帯が，85歳以上において8％もみられることは，注目する必要があろう。その量の多さもだが，大方は上記したように超高齢者を高齢者の嫁や娘が世話しているケースである。中には逆もみられた。

　このように，その中の類型の違いにより年齢上昇にともなう割合の増減の仕方は違う。「高齢者のみ世帯」の総計は75歳以上でも2割を下らないのである。

表3-1 高齢代表者の年齢と世帯類型の変化

(世帯数, %)

	高齢単身		高齢夫婦		その他の高齢のみ		小計		高齢単+既婚子		高齢夫婦+既婚子		高齢単+未婚子		高齢夫婦+未婚子		小計		その他		計	
	世帯数	%	世帯数	%	世帯数	%	世帯数	%	世帯数	%	世帯数	%	世帯数	%	世帯数	%	世帯数	%	世帯数	%	世帯数	%
60~64歳	34	9.0	102	27.3	5	1.3	141	37.6	41	10.9	37	9.9	40	10.6	96	25.6	136	36.2	20	5.4	375	100
65~69歳	30	9.9	64	21.3	1	0.3	95	31.6	53	17.6	56	18.6	27	8.9	60	19.9	87	28.9	10	3.3	301	100
70~74歳	32	9.7	73	22.3	2	0.6	107	32.6	83	25.3	57	17.4	34	10.4	27	8.2	61	18.6	20	6.1	328	100
(小計)	(96)	(9.6)	(239)	(23.8)	(8)	(0.8)	(343)	(34.2)	(177)	(17.6)	(150)	(14.9)	(101)	(10.0)	(183)	(18.2)	(284)	(28.3)	(50)	(5.0)	(1,004)	(100)
75~79歳	52	9.2	98	17.4	1	0.2	151	26.8	226	40.2	77	13.7	45	8.0	35	6.2	80	14.2	28	5.1	562	100
80~84歳	25	8.6	32	11.1	5	1.7	62	21.4	118	40.8	52	18.0	28	9.7	9	3.1	37	12.8	20	7.0	289	100
85歳以上	8	5.8	10	7.3	11	8.0	29	21.1	74	54.0	9	6.6	8	5.8	1	0.7	9	6.6	16	11.7	137	100
(小計)	(85)	(8.6)	(140)	(14.1)	(17)	(1.7)	(242)	(24.5)	(418)	(42.3)	(138)	(14.0)	(81)	(8.2)	(45)	(4.5)	(126)	(12.7)	(64)	(6.4)	(988)	(100)
計	181	9.1	379	19.0	25	1.2	585	29.4	595	29.8	288	14.5	182	9.1	228	11.4	410	20.6	114	5.7	1,992	100

表3-2 義務教育終了地と世帯類型

(人数, %)

	高齢者のみ世帯						既婚子との同居世帯						未婚子との同居世帯						計	
	60~74歳		75歳~		計		60~74歳		75歳~		計		60~74歳		75歳~		計		人数	%
	人数	%	人数	%	人数	%	人数	%	人数	%	人数	%	人数	%	人数	%	人数	%		
市内	45	7.6	25	8.4	70	7.9	92	17.1	86	14.0	178	15.4	53	13.4	16	11.3	69	12.8		
関東内	300	50.9	141	47.1	441	49.7	278	51.8	307	49.9	585	50.8	211	53.3	76	53.9	287	53.5		
関東外	221	37.5	114	38.1	335	37.7	146	27.2	195	31.7	341	29.6	132	33.3	42	29.8	174	32.4		
不明	23	4.0	19	6.4	42	4.7	21	3.9	27	4.4	48	4.2	0	0	7	5.0	7	1.3		
計	589	100.0	299	100.0	888	100.0	537	100.0	615	100.0	1,152	100.0	396	100.0	141	100.0	537	100.0		

ロ　習志野市への転入

　高齢者のみ世帯の習志野市への転入の状況を同居世帯と比較しながら示すことにしたい。まず、出身地をとらえるために義務教育終了地を質問したが、その結果は表3－2のようである。高齢者のみ世帯は、他の同居世帯と比べて習志野市の出身者は少なく関東外の世帯の比率が高い。興味深い傾向であるがその理由についてはここではこれ以上踏み込むことはしない。同居世帯には市内出身者が多くみられる。市内出身者は、より安定した生活条件を持つであろうから、当然といえる傾向であろう。

　次いで、転入の事情のうち家族関係による者を示すと、表3－3の通りである。表によると「子供の家に近い」「親戚に近い」がそれぞれ5.1％と3.9％である。これらのものは高齢になってからの転入者であろう。「子供と同居のため」が1.8％みられるが、「その他高齢者のみ」世帯のものであろうか。あるいは一旦転入して同居したものの転出せざるを得ないことになったのか、いずれにしろ現在は別居世帯であることから「子供と同居のため」と回答した者は少ない。

　ところで、転入事情の「その他」とは、主に高齢者本人の住居の取得により転入した者であろう。入居の時期は表3－4の通りである。昭和55年以降に習志野市に転入してきている者が74歳以下で7.4％、75歳以上で8.7％である。これらの者は老年、または老年に近くなってからの転入者である。

ハ　収入および住宅の状況

　高齢者の収入については、前掲表2－15ですでに述べたので、ここで詳しく述べる必要はないであろう。単身世帯では5万円から9万円の低所得者が多く、夫婦世帯では25万円以上の比較的余裕があると思われる者が多かった。「その他高齢者のみ」は、回答を得られなかった者が多く、得られた者についてみると4万円以下や9万円以下のものが多い一方で、25万円以上のものも多い。つまり、格差が大きいという特徴がみられた。高齢単身世帯において、生活保護受給者が8.3％あったことを付記しておきたい。通常の10倍以上の保護率である。

表3-3 習志野市への転入事情 (人数,％)

	高齢者のみ世帯						(左のうち高齢単身世帯)					
	60～74歳		75歳～		計		60～74歳		75歳～		計	
	人数	％	人数	％	人数	％	人数	％	人数	％	人数	％
子供の家に近い	26	4.4	19	6.4	45	5.1	9	9.2	6	6.9	15	8.2
親戚に近い	18	3.1	17	5.7	35	3.9	4	4.1	5	5.8	9	4.9
子供と同居のため	5	0.8	11	3.7	16	1.8			8	9.3	8	4.3
その他	520	88.3	242	81.0	756	85.1	84	85.7	63	73.3	147	79.9
不明	20	3.4	10	3.3	36	7.1	1	1.0	4	4.7	5	2.7
計	589	100.0	299	100.0	888	100.0	98	100.0	86	100.0	184	100.0

	既婚子との同居世帯						(左のうち高齢単身と既婚子)					
	60～74歳		75歳～		計		60～74歳		75歳～		計	
	人数	％	人数	％	人数	％	人数	％	人数	％	人数	％
子供の家に近い	13	2.4	29	4.7	42	3.6	4	1.8	4	1.0	8	1.2
親戚に近い	10	1.9	10	1.6	20	1.7			3	0.7	3	0.5
子供と同居のため	73	13.6	120	19.5	193	16.8	35	15.8	98	23.5	133	20.8
その他	425	79.1	435	70.7	860	74.7	176	79.3	294	70.5	470	73.6
不明	16	3.0	21	3.5	37	3.2	7	3.1	18	4.3	25	3.9
計	537	100.0	615	100.0	1,152	100.0	222	100.0	417	100.0	539	100.0

	未婚子との同居世帯						(左のうち高齢単身と未婚子)					
	60～74歳		75歳～		計		60～74歳		75歳～		計	
	人数	％	人数	％	人数	％	人数	％	人数	％	人数	％
子供の家に近い	7	1.8	4	2.8	11	2.0	2	1.7	2	2.5	4	2.1
親戚に近い	14	3.5	3	2.1	17	3.2	5	4.5	1	1.2	6	3.1
子供と同居のため	9	2.3	12	8.5	21	3.9	6	5.4	9	11.3	15	7.8
その他	357	90.2	115	81.6	472	87.9	94	83.9	62	77.5	156	81.3
不明	9	2.2	7	5.0	16	3.0	5	4.5	6	7.5	11	5.7
計	396	100.0	141	100.0	537	100.0	112	100.0	80	100.0	192	100.0

第3章 高齢者をめぐる家族の実態

表 3 - 4　習志野市への入居時期　　　　　　　　（人数，%）

	高齢者のみ世帯						（左のうち高齢単身世帯）					
	60～74歳		75歳～		計		60～74歳		75歳～		計	
	人数	%	人数	%	人数	%	人数	%	人数	%	人数	%
～昭和34年	249	42.3	139	46.5	388	43.7	40	40.8	43	50.0	83	45.1
35～54年	286	48.6	128	42.8	414	46.6	49	50.0	31	36.0	80	43.5
55 年 ～	44	7.4	26	8.7	70	7.9	7	7.1	9	10.5	16	8.7
不　　明	10	1.7	6	2.0	16	1.8	2	2.1	3	3.5	5	2.7
計	589	100.0	299	100.0	888	100.0	98	100.0	86	100.0	184	100.0

	既婚子との同居世帯						（左のうち高齢単身と既婚子）					
	60～74歳		75歳～		計		60～74歳		75歳～		計	
	人数	%	人数	%	人数	%	人数	%	人数	%	人数	%
～昭和34年	267	49.7	294	47.8	561	48.7	100	45.0	197	47.2	297	46.5
35～54年	181	33.7	209	34.0	390	33.9	75	33.8	135	32.4	210	32.8
55 年 ～	66	12.3	94	15.3	160	13.8	34	15.3	74	17.7	108	16.9
不　　明	23	4.3	18	2.9	41	3.6	13	5.9	11	2.7	24	3.8
計	537	100.0	615	100.0	1,152	100.0	222	100.0	417	100.0	639	100.0

	未婚子との同居世帯						（左のうち高齢単身と未婚子）					
	60～74歳		75歳～		計		60～74歳		75歳～		計	
	人数	%	人数	%	人数	%	人数	%	人数	%	人数	%
～昭和34年	168	42.4	72	51.1	240	44.7	55	49.1	39	48.7	94	49.0
35～54年	182	46.0	57	40.4	239	44.5	40	35.7	34	42.5	74	38.5
55 年 ～	34	8.6	6	4.2	40	7.4	12	10.7	4	5.0	16	8.3
不　　明	12	3.0	6	4.3	18	3.4	5	4.5	3	3.8	8	4.2
計	396	100.0	141	100.0	537	100.0	112	100.0	80	100.0	192	100.0

　次に，住居についても，表2-18において示されているように単身世帯と夫婦世帯とではかなりの違いがみられた。単身世帯は，他のどの類型よりも持家率が格段に低かった。他の類型が8割～9割の持家率であるのに比して52％である。単身世帯は，借家，公営住宅が多く，公団の借家の者も多い。

　「高齢単身世帯」は，経済的に困難を抱えながら単身でいるものが，多く含まれているのである。

二　「高齢者のみ世帯」の介護状況

　高齢者のみ世帯に要介護者がいるかどうかをみておきたい。表3－5の通りである。要介護者がいる世帯の割合は75歳以上の年齢層で12.3％である。単身世帯で9.4％，夫婦世帯では13.6％である。同居世帯と比べるといずれも低い割合であるが，単身世帯でありながら要介護者がいるというのは，本人が要介護者ということであるが，誰にどのように介護されているのだろうか。ヘルパーが派遣されているのであろうか。

　高齢者のADL（日常生活範囲）を典型世帯について示すと，表3－6の通りである。同じように75歳以上の年齢層についてみると「起きてはいるが動かない」「寝たり起きたり」および「寝たきり」を合わせると高齢者のみ世帯の全体では8.4％，単身では3.5％，夫婦では10.3％である。この点でも同居世帯と比較すると低い割合ではあるが，要介護者が世帯の中に含まれているのである。

　次に，誰に介護されているかをみることにしたいが，これに関する直接的な質問は設けなかったので，「1ヶ月以上病気をしたとき誰に介護されたか」という質問の回答から類推することにしたい。それを示したのが表3－7である。表によれば，1ヶ月以上病気をした者を100としているが，単身者は別居の家族がもっとも多く，74歳以下では54.1％，75歳以上では51.7％である。単身なのに配偶者が介護者として上がっているのは，病気をしたときはまだ配偶者が存命であったのであろう。また，家族外による者は，13.6％みられる。夫婦世帯では，配偶者がもっとも多く，74歳以下では65.4％，75歳以上では72.1％である。別居の子供が17.7％である。

　以上，高齢者のみ世帯について，所得や住宅の経済的状況と介護状況をそれぞれ別々にみてきたのであるが，「高齢者のみ世帯」は経済的な自立性を十分に保有しかつ介護問題のない世帯かというと，そうではないことは以上から明らかである。中には，経済的に不十分で，自ら要介護者である，もしくは要介護者を抱えているという重複した困難を抱えた世帯もあることが推測される。これらの困難は重複していなくても，一つだけでも高齢者のみの世帯であること

第3章 高齢者をめぐる家族の実態　83

表3-5　世帯類型別要介護者有り率

(世帯数, %)

		高齢単身						高齢夫婦のみ世帯						
		60〜74歳		75歳〜		計		60〜74歳		75歳〜		計		
		世帯数	%	世帯数	%	世帯数	%	世帯数	%	世帯数	%	世帯数	%	
高齢者のみ世帯	要介護者有り	2	2.1	8	9.4	10	5.5	9	3.8	19	13.6	28	7.4	
	回答世帯総数	96	100.0	85	100.0	181	100.0	239	100.0	140	100.0	379	100.0	

		高齢単身と既婚子						高齢夫婦と既婚子						
		60〜74歳		75歳〜		計		60〜74歳		75歳〜		計		
		世帯数	%	世帯数	%	世帯数	%	世帯数	%	世帯数	%	世帯数	%	
既婚の子供と同居世帯	要介護者有り	15	8.5	70	16.7	85	14.3	15	10.0	20	14.5	35	12.2	
	回答世帯総数	177	100.0	418	100.0	595	100.0	150	100.0	138	100.0	288	100.0	

		高齢単身と未婚子						高齢夫婦と未婚子						
		60〜74歳		75歳〜		計		60〜74歳		75歳〜		計		
		世帯数	%	世帯数	%	世帯数	%	世帯数	%	世帯数	%	世帯数	%	
未婚の子供と同居世帯	要介護者有り	6	5.9	16	19.8	22	12.1	12	6.6	6	13.3	18	7.9	
	回答世帯総数	101	100.0	81	100.0	183	100.0	183	100.0	45	100.0	228	100.0	

	計					
	60〜74歳		75歳〜		計	
	世帯数	%	世帯数	%	世帯数	%
高齢者のみ世帯 要介護者有り	12	3.4	30	12.3	42	7.1
回答世帯総数	343	100.0	242	100.0	585	100.0
既婚の子供と同居世帯 要介護者有り	30	9.1	50	16.1	120	13.5
回答世帯総数	327	100.0	556	100.0	883	100.0
未婚の子供と同居世帯 要介護者有り	18	6.3	22	17.4	40	9.7
回答世帯総数	284	100.0	126	100.0	410	100.0

表3-6 世帯類型別高齢者の日常生活範囲（ADL） (人数，%)

		高齢単身			高齢夫婦			高齢者のみ世帯計		
		60～74歳	75歳～	計	60～74歳	75歳～	計	60～74歳	75歳～	計
人数	1.バス電車で外出	63	42	105	314	91	405	401	138	539
	2.近所へ外出	26	33	59	111	66	177	141	106	247
	3.家の中で普通に	4	7	11	23	13	36	29	25	54
	4.起きているが動かない	1	3	4	2	8	10	3	13	16
	5.寝たり起きたり	1		1	1	6	7	2	6	8
	6.寝 た き り				1	5	6	1	6	7
	計	95	85	180	452	189	640	577	294	871
%	1.バス電車の外出	66.3	49.4	58.3	69.5	48.1	63.3	69.4	46.9	61.9
	2.近所へ外出	27.4	38.8	32.8	24.6	34.9	27.7	24.4	36.1	28.4
	3.家の中で普通に	4.2	8.2	6.1	0.4	6.9	5.6	5.0	8.5	6.2
	4.起きているが動かない	2.1	3.5	2.2	0.2	4.2	1.6	0.5	4.4	1.8
	5.寝たり起きたり	2.1		0.6	0.2	3.2	1.1	0.3	2.0	0.9
	6.寝 た き り				2.6	0.9	0.2	2.0	0.8
	計	100.0	100.0	100.0	100.0	100.0	100.0	100.0	100.0	100.0
		高齢単身＋既婚子			高齢夫婦＋既婚子			既婚子と同居計		
		60～74歳	75歳～	計	60～74歳	75歳～	計	60～74歳	75歳～	計
人数	1.バス電車で外出	136	136	272	196	84	280	332	220	552
	2.近所へ外出	63	149	212	82	68	150	145	217	362
	3.家の中で普通に	11	59	70	15	25	40	26	84	110
	4.起きているが動かない	3	29	32	5	6	11	8	35	43
	5.寝たり起きたり	3	21	24	4	5	9	7	26	33
	6.寝 た き り	2	15	17	1	5	6	3	20	23
	計	218	409	627	303	193	496	521	602	1,123
%	1.バス電車の外出	62.4	33.3	43.4	64.7	43.5	56.5	63.7	36.5	49.2
	2.近所へ外出	28.9	36.4	33.8	27.1	35.2	30.2	27.8	36.0	32.2
	3.家の中で普通に	5.0	14.4	11.2	5.0	30.0	8.1	5.0	14.0	9.8
	4.起きているが動かない	1.4	7.1	5.1	1.7	3.1	2.2	1.5	5.8	3.8
	5.寝たり起きたり	1.4	5.1	3.8	1.3	2.6	1.8	1.3	4.3	2.9
	6.寝 た き り	0.9	3.7	2.7	0.3	2.6	1.2	0.6	3.3	2.0
	計	100.0	100.0	100.0	100.0	100.0	100.0	100.0	100.0	100.0
		高齢単身＋未婚子			高齢夫婦＋未婚子			未婚子と同居計		
		60～74歳	75歳～	計	60～74歳	75歳～	計	60～74歳	75歳～	計
人数	1.バス電車で外出	77	28	105	192	22	214	269	50	319
	2.近所へ外出	20	27	47	71	25	96	91	52	143
	3.家の中で普通に	7	13	20	12	7	19	19	20	39
	4.起きているが動かない	2	4	6	4	5	9	6	9	15
	5.寝たり起きたり	2	5	7	2	1	3	4	6	10
	6.寝 た き り	0	2	2	1		1	1	2	3
	計	108	79	187	282	60	342	390	139	529
%	1.バス電車の外出	71.3	35.4	56.1	68.1	36.7	62.6	69.0	36.0	60.3
	2.近所へ外出	18.5	34.2	25.1	25.2	41.6	28.1	23.3	37.4	27.0
	3.家の中で普通に	6.5	16.5	10.7	4.3	11.7	5.6	4.9	14.4	7.4
	4.起きているが動かない	1.9	5.1	3.2	1.4	8.3	2.6	1.5	6.5	2.8
	5.寝たり起きたり	1.9	6.3	3.7	0.7	1.7	0.9	1.0	4.3	1.9
	6.寝 た き り	0	2.5	1.1	0.4		0.3	0.3	1.4	0.6
	計	100.0	100.0	100.0	100.0	100.0	100.0	100.0	100.0	100.0

注）高齢者のみ世帯計は，高齢単身と高齢夫婦の他に，「その他高齢者のみ」を加えたもの。

表3－7　過去に1ヶ月以上の病気をした時に看病した者（複数回答）（人数，％）

		高齢単身			高齢夫婦			高齢者のみ世帯計		
		60~74歳	75歳~	計	60~74歳	75歳~	計	60~74歳	75歳~	計
人数	配偶者	1	3	4	70	49	119	71	52	123
	同居の家族	4	2	6	4	0	4	9	5	14
	別居の家族	20	15	35	23	8	31	45	25	70
	家族以外	7	2	9	9	7	16	16	9	25
	1ヶ月以上の病気をした者	137	29	66	107	68	175	148	100	248
	世帯数	98	86	184	460	193	653	589	299	888
％	配偶者	2.7	10.3	6.1	65.4	72.1	68.0	47.9	52.0	49.5
	同居の家族	10.8	6.9	9.1	3.7	0	2.3	6.1	5.0	5.6
	別居の家族	54.1	51.7	53.0	21.5	11.8	17.7	30.4	25.0	28.2
	家族以外	18.9	6.9	13.6	8.4	10.3	9.1	10.8	9.0	10.1
	1ヶ月以上の病気をした者	100.0	100.0	100.0	100.0	100.0	100.0	100.0	100.0	100.0
	病気をした者の割合	37.8	33.7	35.9	23.3	35.2	26.8	25.1	33.4	27.9
		高齢単身＋既婚子			高齢夫婦＋既婚子			既婚子と同居計		
		60~74歳	75歳~	計	60~74歳	75歳~	計	60~74歳	75歳~	計
人数	配偶者	13	7	20	36	37	73	49	44	93
	同居の家族	30	101	131	32	33	65	62	134	196
	別居の家族	6	27	33	5	5	10	11	32	43
	家族以外	5	13	18	7	7	14	12	20	32
	1ヶ月以上の病気をした者	66	165	231	80	83	163	146	248	394
	世帯数	222	417	639	315	198	513	537	615	1,152
％	配偶者	19.7	4.2	8.6	45.0	44.0	44.8	33.6	17.7	23.6
	同居の家族	45.5	61.2	56.7	40.0	39.8	39.9	42.5	54.0	49.7
	別居の家族	9.1	16.4	14.3	6.3	6.0	6.1	7.5	12.9	10.9
	家族以外	7.6	7.9	7.8	8.8	8.4	8.6	8.2	8.1	8.1
	1ヶ月以上の病気をした者	100.0	100.0	100.0	100.0	100.0	100.0	100.0	100.0	100.0
	病気をした者の割合	29.7	39.6	36.2	25.4	41.9	31.8	27.2	40.3	34.2
		高齢単身＋未婚子			高齢夫婦＋未婚子			未婚子と同居計		
		60~74歳	75歳~	計	60~74歳	75歳~	計	60~74歳	75歳~	計
人数	配偶者	1	2	3	48	8	56	49	10	59
	同居の家族	20	17	37	16	3	19	36	20	56
	別居の家族	3	9	12	6	2	8	7	11	18
	家族以外	2	5	7	4	1	5	6	6	12
	1ヶ月以上の病気をした者	28	33	61	70	18	88	98	51	149
	世帯数	112	80	192	284	61	345	396	141	539
％	配偶者	3.6	6.1	4.9	68.6	44.4	63.6	50.0	19.6	39.6
	同居の家族	71.4	51.5	60.7	22.9	16.7	21.9	36.7	39.2	37.6
	別居の家族	10.7	27.3	19.7	8.6	11.1	9.1	7.1	21.6	12.1
	家族以外	7.1	15.2	11.5	5.7	5.5	5.7	6.1	11.8	8.1
	1ヶ月以上の病気をした者	100.0	100.0	100.0	100.0	100.0	100.0	100.0	100.0	100.0
	病気をした者の割合	25.0	41.3	31.8	24.6	29.5	25.5	24.7	36.2	27.6

注）高齢者のみ世帯計は，高齢単身・高齢夫婦の他に，「その他高齢者のみ」加えたもの。

を耐え難くするものである。だから，同居は無理としても，子や親戚の近くに住むために転入してきたものがみれるのである。

　さらに，関連して，先の事態への対処として，子供との同居を考えての転出の予定があるかどうかを「高齢者のみの世帯」に限って質問した。その回答は表3－8のようであった。表によると転出予定がある者が20%である。世帯類型による差はそれほどないが，もっとも多いのは夫婦世帯で21.2%である。「わからない」という回答も多かった。74歳以下で24%，75歳以上で15%である。なぜわからないのか。人生の最後の段階にきて，住まうところ，これは生きる上での基盤だと思うが，それが不確かなのである。「わからない」という回答が多いことは重大な問題と思われる。転出の予定がないというのは，住宅の条件がよいのであれば，子供が将来，転入してくるのかも知れない。住宅の条件が悪ければ，そのようなことは難しい。また，そもそも子供がないという世帯もある。全体で高齢者のみ世帯の9.3%，うち高齢単身世帯の11.9%が子供がない世帯である。調査全世帯では同居・別居を含めて4.2%が子供がない世帯であった。

(2) 同居世帯について

イ　同居世帯の割合

　既婚子との同居世帯の割合は，前掲の表3－1によると，高齢者代表の年齢によってかなりの違いがみられる。60～64歳では既婚子と同居している者の割合は20.8%であるが，年齢が5歳刻みで上昇していくにつれて増加していき，36.2%，42.7%，53.9%，58.8%，そして85歳以上では60.6%になる。

　60～64歳では既婚子との同居世帯は特に小さい数値である。60～64歳で大きな割合なのは，「高齢夫婦のみ」の世帯が上でみたように27%を占めることと未婚の子供との同居世帯が36.2%である。ライフサイクルの上からいっても子供がまだ結婚していない段階にある世帯が多いということであろう。

　とはいえ，60～64歳の高齢夫婦で既婚子と同居している世帯の割合は，9.9%

第3章　高齢者をめぐる家族の実態　87

表3-8　転出予定　　　　　　　　　　　　　　　（人数，%）

		高齢単身			高齢夫婦			その他高齢のみ			計		
		60～74歳	75歳～	計	60～74歳	75歳～	計	60～74歳	75歳～	計	60～74歳	75歳～	計
人数	ある	16	18	34	101	37	138	8	1	9	125	56	181
	ない	33	42	75	195	107	302	11	11	22	239	160	399
	わからない	29	9	38	108	34	142	3	1	4	140	44	184
	子供はいない	12	10	22	44	14	58	3		3	59	24	83
	不明	8	7	15	12	1	13	6	7	13	26	15	41
	計	99	86	184	460	193	653	31	20	51	589	299	888
%	ある	16.3	20.9	18.4	21.9	19.2	21.2	25.8	5.0	17.6	21.2	18.8	20.4
	ない	33.7	48.8	40.7	42.4	55.4	46.2	35.4	55.0	43.1	40.6	53.5	44.9
	わからない	29.6	10.5	20.7	23.5	17.6	21.7	9.7	5.0	7.9	23.8	14.7	20.7
	子供はいない	12.2	11.6	11.9	9.6	7.3	8.9	9.7		5.9	10.0	8.0	9.3
	不明	8.2	8.2	8.3	2.6	0.5	2.0	19.4	35.0	25.5	4.4	5.0	4.7
	計	100.0	100.0	100.0	100.0	100.0	100.0	100.0	100.0	100.0	100.0	100.0	100.0

であり，夫婦のみの世帯の割合とくらべてその3分の1ほどでしかない。このように夫婦のみ世帯に比べて既婚子との同居の割合がはるかに小さいということは，子供の結婚やその前に就職を契機に高齢者のみ世帯になるということがかなり広がってきていることを示しているだろう。前にも記したが，「高齢夫婦と既婚子」との同居世帯は65～69歳で18%と増加するが，それ以上は年齢が上がっても横ばいで推移し，増加しない。

　既婚子との同居世帯の割合は，全体としてみると上記したように増加するが，それは，主に「高齢単身＋既婚子」の同居形態の増加による。60～64歳では10.9％であるのが，5歳ごとに17.6％，25.3％，40.2％，40.8％というように増加し，85歳以上では54.0％と半数以上を占めるようになる。この類型の世帯が増えるのは，一方で，夫婦で既婚子と同居していて，配偶者の死亡によって高齢単身と既婚子の形になるものがあるだろう。また，高齢単身になってから，親の方か子供の方かが転入してくることで「高齢単身＋既婚子」の類型になるものもある。

次に，未婚子との同居世帯についてみると，未婚子との同居世帯は60〜64歳でもっとも多く，36.2％である。次の年齢層では28.9％，次は18.6％というように10％近くずつ減少していく。未婚子の結婚その他による他出か，あるいは，同居している未婚の子供の結婚により既婚子との同居の形態に住居移動なしに変化するからであろう。75歳を越えると減少率は鈍化している。
　高齢者が夫婦であるか単身であるかをみると，夫婦の割合は60〜64歳では25.6％であるが，年齢階層が上がるにつれて減少していき，75歳を越えると6.2％にまで小さくなる。さらに，80歳代では3.1％と0.7％と小さくなる。他方，未婚子との同居世帯の割合は，全ての年齢階層においてあまり変化がみられない。10％前後で一定である。したがって，未婚子との同居世帯の割合の減少は，「高齢夫婦＋未婚子」の減少を反映するものといえる。
　では，「高齢単身＋未婚子」の割合はなぜ減少しないのだろうか。未婚子の結婚により「高齢単身＋既婚子」に移行しているものが当然あるだろう。また，「高齢夫婦＋未婚子」から夫婦の片方の死亡により補充されてもいるだろう。「高齢単身」のものが未婚子との同居を開始することもあるだろう。ともあれ，これらの総和として一定の割合なのであるが，後期高齢期になっても未婚子と同居というのでは，子供はおそらくそのまま結婚しないことになる可能性が強いといえる。
　いま，同居子の最年長者の年齢を示すと表3－9の通りである。高齢単身と同居している場合も高齢夫婦と同居している場合も，子供の年齢が40歳代以上であるものがそれぞれ75.3％と62.3％というように40歳以上であるものの割合が，非常に高い。「高齢単身＋未婚子」の子供の年齢が，40歳以上であるものが75％とは驚くべき数字であるが，「高齢夫婦＋未婚子」のほうの62％も信じ難い大きさである。子供が自立しないのか，親が依存しているのか，どちらに問題があるかはにわかには断じ難いが，老親の存在が子供の結婚に何がしかの影響を与えてはいるだろう。
　最後に，「その他子供欠損世帯との同居世帯」の割合は，全体の中では5.7％

第3章 高齢者をめぐる家族の実態　89

表3-9　次代代表者の年齢

(世帯数, %)

	高齢単身+既婚の子 60~74歳	高齢単身+既婚の子 75歳~	高齢夫婦+既婚の子 60~74歳	高齢夫婦+既婚の子 75歳~	小計 60~74歳	小計 75歳~	高齢単身+未婚の子 60~74歳	高齢単身+未婚の子 75歳~	高齢夫婦+未婚の子 60~74歳	高齢夫婦+未婚の子 75歳~	小計 60~74歳	小計 75歳~	合計 60~74歳	合計 75歳~	合計 計
29歳以下	4 (2.3)	5 (1.2)	6 (4.0)		10 (3.1)	5 (0.9)	25 (24.8)	2 (2.5)	77 (42.1)	2 (4.4)	102 (35.9)	4 (3.2)	112 (18.3)	9 (1.3)	121 (9.4)
30~39	55 (31.1)	20 (4.8)	80 (53.3)	17 (12.3)	135 (41.3)	37 (6.6)	40 (39.6)	15 (18.5)	84 (45.9)	14 (31.1)	124 (43.7)	29 (23.0)	259 (42.4)	66 (9.7)	325 (25.1)
40~49	90 (50.8)	127 (30.3)	50 (33.3)	69 (50.0)	140 (42.8)	196 (35.3)	27 (26.7)	27 (33.3)	9 (4.9)	20 (44.5)	36 (12.7)	47 (37.3)	176 (28.8)	243 (35.6)	419 (32.4)
50~59	19 (10.7)	211 (50.5)	6 (4.0)	38 (27.6)	25 (7.6)	249 (44.8)	4 (4.0)	32 (39.5)	2 (1.1)	8 (17.8)	6 (2.1)	40 (31.7)	31 (5.1)	289 (42.4)	320 (24.7)
60歳以上	1 (0.6)		2 (1.3)	6 (4.3)	3 (0.9)	6 (1.1)	1 (0.9)	2 (2.5)	2 (1.1)	1 (2.2)	3 (1.1)	2 (1.6)	6 (1.0)	8 (1.2)	14 (1.1)
不 明	8 (4.5)	55 (13.2)	6 (4.0)	8 (5.8)	14 (4.3)	63 (11.3)	4 (4.0)	3 (3.7)	9 (4.9)		13 (4.7)	4 (3.2)	27 (4.4)	67 (9.8)	94 (7.3)
計	177 (100.0)	418 (100.0)	150 (100.0)	138 (100.0)	327 (100.0)	556 (100.0)	101 (100.0)	81 (100.0)	183 (100.0)	45 (100.0)	284 (100.0)	126 (100.0)	611 (100.0)	682 (100.0)	1,293 (100.0)

表3-10　別居子の人数

(世帯数, %)

	60~64歳 世帯数	60~64歳 %	65~69歳 世帯数	65~69歳 %	70~74歳 世帯数	70~74歳 %	小計 世帯数	小計 %	75~79歳 世帯数	75~79歳 %	80~84歳 世帯数	80~84歳 %	85歳~ 世帯数	85歳~ %	小計 世帯数	小計 %	合計 世帯数	合計 %
1 人	122	48.2	101	42.1	72	26.8	295	38.7	112	24.5	55	25.5	32	32.3	199	25.8	494	32.2
2 人	88	34.8	79	32.9	73	27.1	240	31.5	132	28.9	61	28.2	17	17.2	210	27.2	450	29.3
3人以上	43	17.0	60	25.0	124	46.1	227	29.8	213	46.6	100	46.3	50	50.5	363	47.0	590	38.5
計	253	100.0	240	100.0	269	100.0	762	100.0	457	100.0	216	100.0	99	100.0	772	100.0	1,534	100.0

であり，さほど大きな割合ではないが，父子・母子といった欠損世帯がそもそも多いわけではない。1985年の国勢調査では母子世帯の割合は1.4％である。それと比べると高齢者を含む世帯の中での割合は，欠損世帯のほとんどが母子世帯であることを考えると，かなり高い割合であることになる。前章で経済的側面をみたが，子供欠損世帯との同居世帯の高齢者の収入は相対的に高いものが多くみられた。親の収入が高い場合は子供の方が親を頼り，子供の方が依存的であるといえる。しかし，この類型の場合に高齢になるほど割合が高くなっているということは，親の方からの依存というか，親にとっても好都合であるという側面があると考えられる。

　ロ　習志野市への転入
　同居世帯は，別居世帯と比較して市内出身者（義務教育終了地）が多いことを前に述べたが，もっとも多いのは前掲表3－2にみられるように関東内の出身者である。同居者についてだけ後掲の表3－14により前住地をみると，習志野市の出身者および習志野市の中で転居して現住地である者は16.2％，東京区部，船橋，柏，市川，八千代，鎌ヶ谷，松戸市の近接地から転入したものが50.7％，その他の千葉，東京，神奈川が18.4％，その他が14.8％である。就職のために東京圏に移住していたものが，さらに，習志野市に住まいを構えるようになったものが多いのである。
　転入時期は，前掲表3－4によると，昭和34年以前のものが48.7％である。「高齢者のみ世帯」よりもいくらか高い比率である。習志野市は東京都心に近く，交通の便も良いことから戦後の早い時期にベッドタウンとなっている。早くに転入したものほど広い土地と住宅を入手しており，同居世帯を形成しやすい住宅条件をもつことができている。ところで，既婚子との同居の世帯においては，昭和55年以降に転入した者の割合が，高齢者のみ世帯よりも高いのである。その部分は親が地方から転入してきたものと推測できる。この点に関しては，後に詳しく分析するつもりである。

転入の事情を前掲表 3 − 3 にみると，その点が明確である。「既婚子と同居世帯」の場合，子供との同居を転入目的とするものが他の類型と比べて高い割合を示している。「高齢単身と既婚子」では20.8％が子供との同居を目的として転入したものである。

ハ 収入および住宅の状況

「高齢者のみ世帯」について述べた際に，比較の必要から同居世帯の特徴も述べたので，繰り返さない。前掲表 2 −15から追加的に指摘しておきたい点は，同居世帯の中の「高齢単身＋未婚子」は収入の 9 万円以下の低いものが「老人単身＋既婚子」程ではないが74歳以下で27％，75歳以上で34％と多いことと，表 2 − 8 にみられたように住宅の持家率が「高齢単身のみ」世帯に次いで低く，60％台であることである。「高齢単身＋未婚子」の類型は，「高齢夫婦＋未婚子」の類型よりも問題を持つものが多いといえる。

ニ 同居世帯における介護の状況

要介護者が含まれる世帯の割合は，前掲表 3 − 5 に示したように，既婚子との同居世帯がもっとも高い比率である。既婚子との同居世帯の13.5％に要介護者が含まれている。しかし，その点では未婚子との同居世帯でも9.7％の要介護者が含まれており，75歳以上だけをみると17.4％の世帯に含まれている。さらに，「高齢単身と未婚子」の75歳以上では19.3％と高い比率であり，この類型において多くの要介護者が含まれることは注目すべきことであろう。未婚子が男性であれ女性であれ，収入のため就業せざるを得ないので，介護に当たることは困難である。

高齢者のADLは前掲表 3 − 6 によれば，「電車バスを使って外出」しているADLの高いものの割合が，同居世帯の74歳以下では「高齢単身のみ」とほとんど変わりない比率である。また，既婚子との同居も，未婚子との同居も変わりはない。しかし，75歳以上になるとADLの高い者の割合は老人のみ世帯よ

りも減少しADLのより低いものが増加している。同居世帯の75歳以上で多いのは，なんらかの行動制限があるとはいえ「近所や家の中なら動ける」ものである。既婚子と同居の場合も未婚子と同居の場合も5割がその「近所や家の中なら動ける」レベルの生活行動能力のものである。この点は，第II部で分析するつもりであるが，わが国の同居世帯の特徴として注目すべき点であると思われる。

次に，要介護者が誰に介護されているかであるが，高齢者のみ世帯について述べた際に説明したように，直接的な質問はなく，「1ヶ月以上病気したとき誰に介護されたか」という質問の回答によるしかない。それを示す前掲表3－7によると，配偶者がいる類型では「配偶者」と答えた者が既婚子と同居で40％台，未婚子と同居で60％台である。子供と同居しているといっても配偶者が看病に当たる割合はかなり高いといえる。高齢単身で同居している場合は同居の家族，つまり，子供か子供の配偶者になるであろうが，56.7％と60.7％である。高齢単身と未婚子の類型で目だつのは別居の子供や親戚の割合が，他の類型に比し高い割合であることである。「高齢単身＋未婚子」の75歳以上の場合，27.3％が別居の子供や親戚による介護を受けている。

関連して，介護者になるであろうものの状況に触れておきたい。次代の妻で就業している者について，既婚子と同居である世帯を分母にして割合をみると，74歳以下で21％，75歳以上で18％であった。

別居の子供の人数は表3－10のようである。高齢代表者の年齢階級別に示しているが，高齢であるほど3人以上の子供がいる者の割合が高く，60歳代では，子供の数は明らかに減っている。60歳代のもので3人以上の別居の子供がいる者は20％前後でしかない。

以上から，日本の中では相対的に良い生活条件をもつといえる東京の近郊都市において，高齢者を含む家族の形は多様であるが，目下のところ，家族により辛うじて受けとめられて，つまり，既婚子もだが，配偶者や未婚子や欠損家族やによって，高齢者の暮らしは，どうにかなりたっているといえるだろう。

その内容がどの程度のレベルかが問題である。

2．高齢者をめぐる家族の変化

これまでのところでは，高齢者がどのような家族の条件の中で暮らしているかをとらえることを主たる課題としてきた。これまでの記述から，家族が変化していくことがすでに示唆されているが，この節ではその家族の変化の点に焦点を絞り述べることにしたい。

1）一貫同居の割合

まず，調査時現在において，一貫同居であるものはどのくらいあるかその量を明確にしておきたい。次の表3—11は，その推計を試みたものである。表の最後欄に年齢階級別の一貫同居の割合を示している。今日まで一貫して同居しているものの全世帯の中での割合は，74歳以下で54％，75歳以上で56％である。したがって，裏返せば，45％のものは別居したことがある，ないしは別居中ということである。この一貫同居率は，表に示されているように同居世帯の中の一貫同居率に，年齢階級ごとの同居率を乗じて求めたものである。同居世帯の中の一貫同居率は，年齢階級が若いほど高い率である。たとえば，60〜64歳の場合，同居世帯の中の一貫同居の率は90.7％と高いが，それは，まだ自立していない未婚子との同居世帯が多いことを示すものである。だが，同居率それ自体が近年の傾向としては低くなってきている。そのため，両者を乗じて当該年齢階級の世帯計の中の一貫同居率を求めると，56.6％と低くなるのである。

このようにして求めた年齢階級ごとの現在まで同居を継続してきた者の割合は，60〜64歳で56.6％，65〜69歳で54.3％，70〜74歳で50.7％，75〜79歳で56.9％，80歳以上で55.0％という具合である。各年齢階級とも50％台であり大きくは違わないが，70〜74歳でもっとも小さい割合になるということは注目すべき点と思われる。70〜74歳は，年齢的な変節点であるのかもしれないが，それよりも時代の変節点が70〜74歳というところに現れているということのように推

表3-11　年齢階級別一貫同居世帯の割合　　　　　（世帯数,％）

	一貫同居		別居後同居		同居世帯計		同居率	一貫同居率
	世帯数	%(A)	世帯数	%	世帯数	%	%(B)	(A)×(B)
60～64歳	205	90.7	21	9.3	226	100.0	62.4	56.6
65～69歳	154	79.4	40	20.6	194	100.0	68.4	54.3
70～74歳	161	75.2	53	24.8	214	100.0	67.4	50.7
小　計	520	82.0	114	18.0	634	100.0	65.8	54.0
75～79歳	312	77.8	89	22.2	401	100.0	73.2	56.9
80歳以上	247	70.0	106	30.0	353	100.0	78.6	55.0
小　計	559	74.1	195	25.9	754	100.0	75.5	55.9
合　計	1,079	77.7	309	22.3	1,388	100.0	70.6	54.9

注1）一貫同居，別居後同居については，不明を除く有効ケースのみ。
注2）同居率は，世帯計に対する同居世帯計の割合。

測される。調査時現在で70～74歳のものの一貫同居率は50％であるが，5年後にそのもの達が75～79歳の年齢階級になったとして，その一貫同居率の数値が現在より大きくなることはありえないからである。ちなみに，調査時現在では上記のように75～79歳の一貫同居率は57％であり，上記の50％よりも大きい。したがって，全体的傾向として，時代の変化にともない徐々に一貫同居率は，低下しているといえる。

ところで，一貫同居率は低下していくとして，別居世帯というか，「高齢者のみ世帯」であり続けるものもおそらくは増えるであろうが，「別居後同居」の形をとって還流するものが，どのように変化していくだろうか。少なくなるのか，変わらないのか，むしろ増加するのか，ともあれ，目下のところどのような傾向にあるかを捉えることにしたい。

現在の別居後同居の者の割合は，上掲の表3-11によると，同居世帯総数が不明ケースを除き1,388世帯である。別居後同居世帯の割合は，74歳以下で18％，75歳以上で26％である。

第3章 高齢者をめぐる家族の実態　95

図3-2（その1）　高齢代表者の年齢と世帯類型

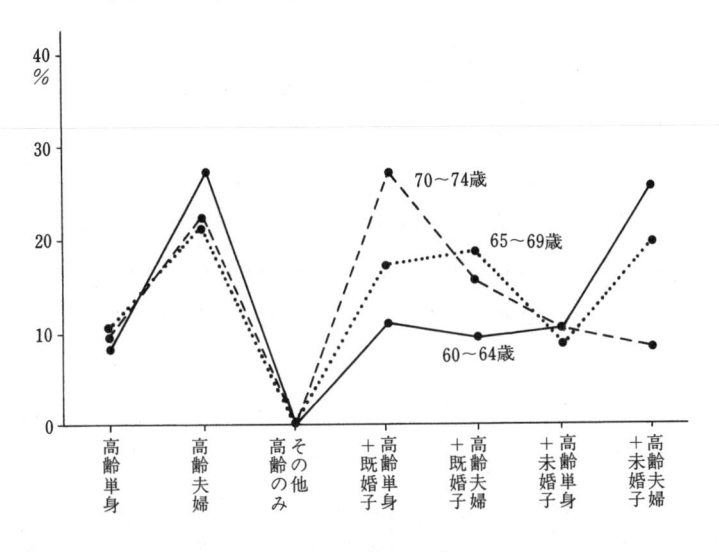

70〜74歳
65〜69歳
60〜64歳

高齢単身　高齢夫婦　その他　高齢のみ　高齢単身＋既婚子　高齢夫婦＋既婚子　高齢単身＋未婚子　高齢夫婦＋未婚子

図3-2（その2）

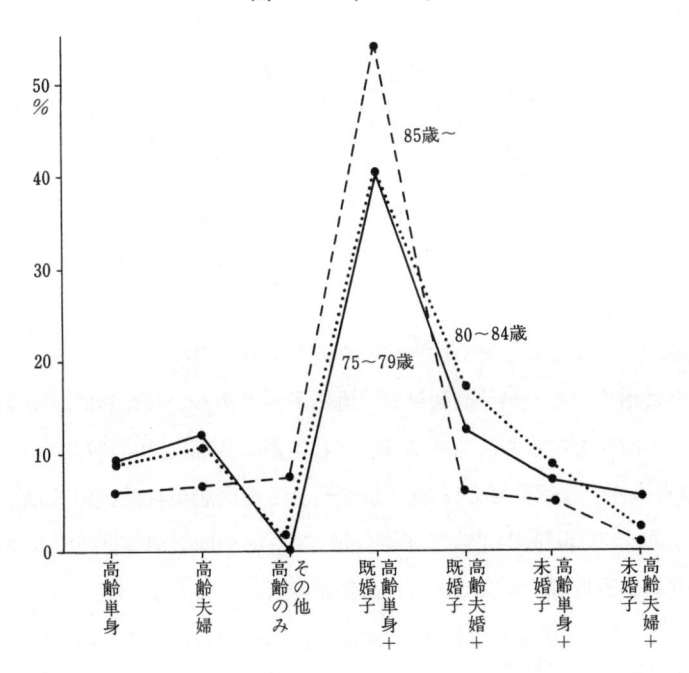

85歳〜
80〜84歳
75〜79歳

高齢単身　高齢夫婦　その他　高齢のみ　高齢単身＋既婚子　高齢夫婦＋既婚子　高齢単身＋未婚子　高齢夫婦＋未婚子

2）加齢と世帯類型の変化

　では，加齢にともなって，同居・別居がどのような世帯類型をとっているのか，前節においてあげた表3－1を，今度は加齢による世帯の家族構成の変化という観点からみていくことにしたい。それを図示すると図3－2（その1）と図3－2（その2）のようになる。

　世帯類型の加齢による変化は，表3－1からもわかるのであるが，図示することで変化がよくわかる。もっとも目立つ点として指摘できることは，「高齢単身＋既婚子」の類型の加齢にともなう顕著な増加である。イギリスの生活・貧困調査家であるS・ラウントリーが，1899年にライフサイクルをシェマ化して描いたことはあまりにも有名であるが，彼が描いたライフサイクルでは，高齢期になると子供の独立，他出により「高齢者のみ」の世帯となるということで，高齢者のみ世帯を高齢期の典型的な世帯類型としている。ところが，わが国の都市では，20世紀の終わりに近づこうとしている調査時点において，高齢者のみの世帯は，いわば，高齢期の家族形態の変化の経過的な一ステージであり，最終ステージとは限らないのである。高齢夫婦が「高齢夫婦のみ」の世帯形態を持続しようとする傾向が強まってきていることを前に指摘した。74歳以下では「高齢夫婦のみ」は2割を越え，「高齢夫婦＋既婚子」よりも高い割合となっている。しかし，「高齢夫婦」の次のステージは，「高齢単身のみ」のはずであるが，図にみられるように「高齢単身のみ」の割合は，高齢夫婦のみの減少に反比例して増加しないで，1割程度で加齢に関係なく一定の割合を保っているのである。この点にもっとも注目する必要があると思うのである。

　代わりに増加するのが「高齢単身＋既婚子」である。ちなみに，75歳以上の高齢単身の所在をみると，高齢単身を含む世帯635世帯を100％とするならば，「高齢単身のみ」は85世帯で13％，「既婚子」との同居が418世帯で65％，「未婚子」との同居が81世帯で13％，「子供欠損世帯」との同居が29世帯で5％，その他との同居が22世帯で4％である。高齢単身者は，このように分布している。したがって，「高齢単身＋既婚子」の類型は，わが国の都市においては，高齢者

世帯のもっとも典型的な類型であるということができるだろう。

他方,「高齢夫婦＋既婚子」は65〜69歳までは増加するが70歳以降には減少に転じる。もっとも多い65〜69歳でも当該年齢世帯の20％弱でしかない。もっとも典型的な三世代世帯と思われている「高齢夫婦＋既婚子」は，もっとも多い年齢階級の時でそれだけの割合でしかないのである。

未婚子との同居世帯の変化もみておきたい。「高齢夫婦＋未婚子」の類型は，加齢にともなって急速に割合が減少する。特に，65〜69歳から70〜74歳の間での減少の幅が大きい。他方,「高齢単身＋未婚子」は1割前後でほぼ一定している。この間に，一つには同居していた未婚子が結婚するであろう。子供は，他出することもあるし，同居を継続することもあるであろう。もう一つには高齢夫婦が単身化することが考えられる。「高齢夫婦＋未婚子」の減少の場合は，既婚子の場合と違い,「高齢単身＋未婚子」の増加とは必ずしもならないだろうというのは,「高齢単身＋未婚子」も子供の結婚，他出により，その形態の世帯は減少すべきと考えられる。実際のところは,「高齢単身＋未婚子」は1割程度と絶対量はさして多くはないとはいえ，80〜84歳までほとんど減少していかないのである。

以上は，調査時点の年齢のものを繋いで，連続性を前提して変化をみたのであるが，時代の背景や意識は変化していくので，たとえば，現在，65〜69歳のものが80歳代になったとして，現在の80歳代のものと全く同じ家族構成になることはあるまい。先に一貫同居率の低下傾向を指摘したのと同じように世帯類型も変容していくことは必然である。ただ,「高齢単身のみ」が短期間の内に量的に増大していくかというと，そうはならないで,「高齢単身＋既婚子」の中に取り込んでいく道筋がこれからもかなり大きい傾向として続くと思われるのである。

それとともに，とはいえ「高齢単身＋既婚子」の中に現在においてもすべてが収れんしているわけではないことに注目する必要があると思われる。80〜84歳というもっとも高齢な世代の部類において，世帯類型の特徴は，先に述べた

ことの繰り返しになるが，大まかに述べるならば，6割は既婚子との同居であるが，2割は高齢者のみの世帯，そして残りの2割が未婚子その他との同居である。つまり，既婚子との同居に取り込まれていく部分とそうではなく高齢者のみの世帯であり続けるしかないもの，未婚子その他との同居に頼らざるを得ないもの等があるということを指摘しておきたい。

3) ＡＤＬの低下と世帯類型

次に，ＡＤＬ（日常生活能力）の低下との関連において世帯類型を捉えることにしたい。ここでは世帯類型とＡＤＬの関係をみるので年齢の2区分は捨象する。ＡＤＬの低下と世帯類型は関係があるのか，あるとしてどのような関係があるのかである。それを示すと表3－12のとおりである。ＡＤＬは，表側に示されているような6段階とした。1段階目は，「バス，電車で外出」している普通の日常生活能力であり，段々に低下していき6段階目が「寝たきり」である。「している」ということと「できる」ということとは違うはずであるが，通常ＡＤＬという言葉が用いられる場合，「している」ことと「できる」ことの境界は必ずしも明瞭ではない。この表側のＡＤＬは通常用いられるものであり，われわれもそれによっている。

この表を見るに当たって，個人票から作成したものであることを注意しておきたい。上でみた加齢と世帯類型との関係を示す表3－1は，世帯票を用いた高齢代表者の年齢との関係を示す集計表であったので，合計世帯数は2,000弱とこの表の合計より小さい。合計欄にみられる世帯類型別の構成比も二つの表で同じではない。高齢夫婦が含まれる類型の割合は，表3－12では表3－1よりも総じていくらか大きな数値となる。高齢単身を含む世帯類型に含まれる世帯数と高齢者の人数とは一致するが，高齢夫婦を含む世帯では，単純にいえば，高齢者の人数は世帯数の2倍であるからである。また，夫婦を含む類型のＡＤＬは夫婦のうち，たとえば，夫婦の一方が「1．バス，電車で外出」していて他方は「6．寝たきり」というように違うこともあるし，同じこともある。高

第3章　高齢者をめぐる家族の実態　99

表3-12　ADL段階の低下と世帯類型の変化

(人数, %)

	APL段階＼世帯類型	高齢単身	高齢夫婦	その他	小計	高齢単身+既婚子	高齢夫婦+既婚子	小計	高齢単身+未婚子	高齢夫婦+未婚子	小計	高齢単身+その他	高齢夫婦+その他	小計	計
人数	1.バス、電車で外出	105	405	29	539	272	280	552	105	214	319	32	21	53	1,463
	2.近所へ外出	59	177	11	247	212	150	362	47	96	143	41	23	64	816
	3.家の中で普通に	11	36	7	54	70	40	110	20	19	39	13	4	17	220
	4.起きているが動かない	4	10	2	16	32	11	43	6	9	15	3	4	7	81
	5.寝たり起きたり	1	7	0	8	24	9	33	7	3	10	2	0	2	53
	6.寝たきり	0	6	1	7	17	6	23	2	1	3	1	0	1	34
	合計	180	641	50	871	627	496	1,123	187	342	529	92	52	144	2,667
%	1.バス、電車で外出	7.2	27.7	2.0	36.8	18.6	19.1	37.7	7.2	14.6	21.8	2.2	1.4	3.6	100.0
	2.近所へ外出	7.2	21.7	1.3	30.3	26.0	18.4	44.4	5.8	11.8	17.5	5.0	2.8	7.8	100.0
	3.家の中で普通に	4.5	16.4	3.2	24.5	31.8	18.2	50.0	9.1	8.6	17.7	5.9	1.8	7.7	100.0
	4.起きているが動かない	4.9	12.3	2.5	19.8	39.5	13.6	53.1	7.4	11.1	18.5	3.7	4.9	8.6	100.0
	5.寝たり起きたり	1.9	13.2	0	15.1	45.3	17.0	62.3	13.2	5.7	18.9	3.8	0	3.8	100.0
	6.寝たきり	0	17.6	2.9	20.6	50.0	17.6	67.6	5.9	2.9	8.8	2.9	0	2.9	100.0
	合計	6.7	24.0	1.9	32.7	23.5	18.6	42.1	7.0	12.8	19.8	3.4	2.0	5.4	100.0
	3,4,5,6の再掲	4.1	12.1	2.6	21.8	36.8	17.0	53.9	9.0	8.2	17.3	4.9	2.1	7.0	100.0

注) 回答不明, 入院入所を除く

齢単身の世帯類型では高齢者本人のＡＤＬがそのまま表現されることになる。「単身」と「夫婦」では，そのような違いがあることをあらかじめ注意しておきたい。

さて，表3－12では，パーセントを表3－6が縦計を100にしたものであったのに対して，横計を100として表している。ＡＤＬ段階の低下にともなう各世帯類型の増加または減少を捉えたいのである。さて，「1．バス，電車で外出」しているものは，世帯類型としてみると，高齢者のみ世帯に属するものが37％と既婚子との同居世帯に属するものが38％と，それから未婚子と同居のもの22％および，その他との同居が4％という具合に世帯類型は多岐にわたるが，ＡＤＬが普通である段階において，高齢者のみ世帯のものが多いとともに，同じ程度に既婚子と同居のものの割合も高いこと，そしてその中をみると「高齢単身＋既婚子」と「高齢夫婦＋既婚子」がほぼ同じ割合であることが注目される点である。このように「高齢者のみ」と「既婚子と同居」の二つにＡＤＬが十分高い段階において二分されているのである。

さて，以上をふまえてＡＤＬ段階の低下にともなう世帯類型の構成比の変化をみることにしたい。まず，高齢者のみ世帯では，小計の欄から全体の傾向をみると，1の段階から6の段階までに割合は37％から20％へ顕著に減少する。1．から4．までの間の減り方は急速である。個別にみると，高齢単身は，1．から4．の段階にかけて減少し，5．の「寝たり起きたり」では1ケースで2％，6．の「寝たきり」では，高齢単身者はいない。「寝たきり」では介護者がなく，在宅でありえないことを意味するだろう。「高齢夫婦」は，やはり1．から4．へ減少が著しいが，4．以降は，割合としてはむしろ増加している。「6．寝たきり」が18％である。夫婦の場合，配偶者が介護していると考えられる。「その他」の類型の割合はイレギュラーであるが，「その他」の世帯の人数の絶対数が小さいことによろう。ともあれ，「高齢者のみ」世帯は，第一に1．から4．段階までの減少が著しいことと，第二に夫婦の類型では，4．段階以降にむしろその割合が増加することに目をむけるべきであろう。「高齢夫婦のみ」世

帯が別居を継続しようとする傾向があることを前に述べたが，ここでも同じことがいえるであろう。

　次に，既婚の子供と同居の類型を小計の欄でみると１段階の38％から６段階の68％まで段階をおって顕著に増加する。中では「高齢単身＋既婚子」が19％から50％へと増加しており，「高齢夫婦＋既婚子」の方はほとんど変化がみられない。ＡＤＬの低下は背後で加齢の要素と強く関連するであろうから，加齢にともない高齢夫婦は単身化し減少するため「高齢夫婦＋既婚子」の割合は変わらないのかもしれない。むしろ変わらないということは増加していることと理解すべきかもしれない。実態として「寝たきり」の者は，「高齢単身＋既婚子」の類型に５割，「高齢夫婦＋既婚子」に18％で２割弱ふくまれている。ＡＤＬの低下にともなって既婚子との同居世帯の割合が増加すること，そしてその割合が７割弱と大きいことが，注目される点である。

　未婚の子供との同居世帯は，小計の欄でみるかぎり，１段階から５段階まで，割合の変化はほとんどみられない。先に「高齢夫婦＋既婚子」について述べたことと同じようにＡＤＬには加齢の影響が背後にあるとすると，「未婚子」との同居は，ＡＤＬの低下とともに割合が減少してしかるべきである。割合が変化しないということは，ＡＤＬの低下した高齢者を未婚子が困難を抱えながら世話していると理解すべきだろう。つまり減少すべきなのに減少していないということであろう。しかし，「寝たきり」になると急に減少する。小計では５の段階が19％であるのに，６．の「寝たきり」は９％と半減している。「寝たり起きたり」が未婚子との同居の限界かもしれない。

　「その他」は１．から４．の段階までは変化がないが，４．の段階以降は急減する。

　このようにみてくると，ＡＤＬと各世帯類型には，それぞれ独自の関係があるといえる。「高齢単身＋既婚子」はＡＤＬの低下との関連においても，もっとも中心となる類型である。段階をおって確実に増加し，最終の「寝たきり」のちょうど半数をこの形態において世話している。「高齢夫婦のみ」と「高齢夫婦＋

既婚子」の割合が「寝たきり」の段階において全く同じ数値であることは，考えさせられることである。ADLの低下にともなって，全体の傾向としては，既婚子との同居にむけて変化していくが，「高齢夫婦のみ」や未婚子との同居世帯等に3割のものは留まっているのである。

 4）「別居後同居」について

これまでに述べてきた加齢およびADLの低下にともなう世帯類型の変化は，一方で高齢夫婦が高齢単身になるとか同居子が未婚子から既婚子になるといったライフサイクル上の当然のステージの推転によるものであるが，他方で，単純に家族のライフサイクル上の変化といえない側面があることを指摘してきた。再同居つまり「別居後同居」や未婚子との同居の長期化等の問題であるが，この項では「別居後同居」について取り上げ，「別居後同居」がなぜなされるのか，その事情を具体的に捉えることにしたい。「別居後同居」の世帯は，前掲表3－11によれば309世帯で同居世帯の22.3%であった。現在のところは，同居世帯の2割強にすぎないが，今後は増加することが予想される。社会的につくられているとも考えられる「別居後同居世帯」について，その特徴や再同居の事情についてとらえておきたい。[1]

 (1) **一貫同居世帯と別居後同居世帯の対比**

一貫同居世帯と別居後同居世帯と違いがあるのか，あるとしてどの点にあるのかを明らかにしたい。

まず，経済的条件について対比させると表3－13（その1）のようである。年金額と家計の問題，住居条件をとりあげて示している。最初の年金額の分布には，一貫同居と別居後同居に違いはほとんどみられない。年齢階級別にみても違いはないといえる。やや，「別居後同居」の方に年金額の多い者が多く，少ない金額の者が少ない。とはいえ，違いはないとみる方がよいであろう。次に，家計が子供世帯と一緒でないと困るかどうかを訊ねた質問への回答である。こ

表3-13(その1) 一貫同居と別居後同居の経済的条件　(世帯票, %)

		一貫同居			別居後同居		
		60～74歳	75歳～	計	60～74歳	75歳～	計
年金額	180万円以上	29.8	13.9	21.1	34.5	17.7	24.3
	96～179万円	24.8	18.6	21.4	23.9	22.3	22.9
	95万円以下	45.4	67.5	57.5	41.6	60.0	52.8
	計	100.0	100.0	100.0	100.0	100.0	100.0
家計	一緒でないと困る	31.7	47.3	40.4	29.4	44.6	39.2
	一緒でなくとも困らない	48.8	32.4	39.7	37.6	31.8	33.9
	どちらともいえない	19.5	20.3	19.9	32.9	23.6	26.9
	計	100.0	100.0	100.0	100.0	100.0	100.0
住居	自分名義持家	58.1	35.2	45.9	37.9	14.7	23.1
	以前自分,今子供持家	10.9	21.1	16.3	15.5	14.7	15.0
	以前から子供名義持家	7.9	24.1	16.5	25.1	56.4	45.1
	その他持家	7.9	7.3	7.5	6.0	9.8	8.4
	借家	15.3	12.4	13.8	15.5	4.4	8.4
	計	100.0	100.0	100.0	100.0	100.0	100.0

　の回答をみても,「別居後同居」世帯の方に「困らない」と回答した者が少ないが,明らかに「困る」と回答した者が多いわけではない。両者の間にさほどの差はないとみるべきであろう。明確な違いがみられるのは,最後の住居に関する点である。一貫同居の特徴は「自分名義の持家」および「以前自分,いま子供名義」の持家のものの割合が74歳以下で69％,75歳以上で56％を占めるのに対して,「別居後同居」では53％と30％であり「以前から子供名義持家」が45％と多いのが顕著な相違点である。一貫同居であるためには持家が大きな条件であり,「別居後同居」においては,子供の家に親が転入する場合が多いということである。75歳以上の場合に特にそうである。自分名義の家の者は15％しかみられない。

　次に,身体状態がどのように関わっているかをみることにしたい。表3-13(その2)をみられたい。まず,ADLを示したが,ADLの一貫同居と別

表3－13（その2） 一貫同居と別居後同居の身体状態の比較　　　　（％）

		一貫同居			別居後同居		
		60～74歳	75歳～	計	60～74歳	75歳～	計
A D L	バス，電車で外出できる	68.4	38.7	52.7	56.5	39.5	46.2
	近所や家でなら動ける	28.4	51.4	40.5	37.7	47.5	43.6
	寝たり起きたりおよび寝たきり	3.2	10.0	6.8	5.8	13.0	10.2
	計	100.0	100.0	100.0	100.0	100.0	100.0
要介護者がいる世帯の割合		7.3	15.9	11.7	7.9	16.4	13.2
病人・病弱者がいる世帯の割合		29.0	40.9	35.2	27.1	44.6	38.1

注）ＡＤＬは個人票による。
　　要介護の有無，病人・病弱者の有無は世帯票による。

居後同居での違いは，やや，別居後同居の方が「バス，電車で外出できる」者の割合はいくらか小さいということ，だが，顕著な傾向とはいいがたい。興味深いのは，60～74歳の若い年齢層において小さい割合となっていることである。60～74歳で同居に移行する者は，このＡＤＬ段階の者は一貫同居と比べて小さい割合である。とはいえ，一貫同居と比べてということであって，別居後同居の60～74歳の者でも54％と半数以上の者が元気なものである。同様に，近所や家でなら動けるという者の割合が一貫同居でも大きな割合であるが別居後同居においても43％と大きな割合である。したがって，寝たり起きたり，寝たきりといったＡＤＬ段階の低い者は，一貫同居で6.8％であるが，別居後同居ではそれよりは多いが，10.2％であり，1割程度である。別居後同居世帯は，一貫同居とＡＤＬの構成はそれほど違わないと理解するべきであろう。

　次に，要介護者がいる世帯の割合であるが，一貫同居が11％に対して別居後同居は13％である。また，病人・病弱者のいる割合も35％に対して38％である。別居後同居の方がいずれも高い数値を示しているが，小さな差でしかない。この表において，「別居後同居」の場合に，「近所や家でなら動ける」というＡＤＬ段階の者が，一貫同居との対比でということでなく，それ自体として多いことにもっとも着目すべきかもしれない。多くのケースにおいてその段階に別居

表3－14　同居形態別前住地　　　　　　　　　　(%)

	一貫同居			別居後同居			同居計		
	60～74歳	75歳～	計	60～74歳	75歳～	計	60～74歳	75歳～	計
習　志　野　市	6.4	5.4	5.9	3.1	0.8	1.8	5.7	4.3	4.9
東京区部,船橋,柏,市川,八千代,鎌ヶ谷,松戸市	52.8	49.4	51.0	50.3	48.8	49.4	52.3	49.3	50.7
その他の千葉県・東京都	17.9	18.5	18.2	19.3	19.2	19.2	18.1	18.7	18.4
そ　　の　　他	11.3	12.7	12.0	21.7	25.8	24.1	13.4	15.9	14.8
不　　　　　明	11.6	14.0	12.9	5.6	5.4	5.5	10.5	11.8	11.2
計	100.0	100.0	100.0	100.0	100.0	100.0	100.0	100.0	100.0

注) 前住地は個人票による。

から同居への移行がなされるのかもしれない。その点は，次の項で詳しく分析するつもりである。

　ところで，別居後同居は，地域移動をともなうかもしれない。そこで，今の住所以前の前住地についての質問を設けた。その結果は表3－14の通りである。別居後同居の場合を一貫同居の者と比較すると，これまでの表と同じように顕著な違いはみられない。違う点は「その他」の割合である。「その他」というのは千葉県および東京都以外ということである。「その他」の割合は，一貫同居が12％であるのに対して，「別居後同居」ではその2倍の24％である。「別居後同居」の方が高い割合であるが，「その他」のものの割合は，筆者が訪問調査したケースが，たまたま遠方の漁村や農村から子供のところへ転入した者ばかりであったせいで，もっと高いと予想していたが，比較的近いところからの転入者が多いのである。とはいえ，住み慣れた地域からの移住であることにかわりはない。

　地域移動と関連して，いま一つ表をあげておきたい。表3－15は，別居の子供の居所との距離を示すものである。「一貫同居」と「別居後同居」とで，これはかなりの違いがあることがわかる。一貫同居の，中でも75歳以上のものは別

表 3 −15　同居形態と別居子の居所（世帯票）　　　（世帯数, %）

	一貫同居						別居後同居					
	60〜74歳		75歳〜		計		60〜74歳		75歳〜		計	
	世帯数	%	世帯数	%	世帯数	%	世帯数	%	世帯数	%	世帯数	%
10 分 未 満	83	15.9	111	19.8	194	17.9	10	8.7	6	3.0	16	5.1
10 〜 30 分	93	17.8	131	23.4	224	20.7	21	18.4	10	5.1	31	10.0
30 〜 1 時間30分	69	13.2	213	38.1	282	26.6	36	31.5	26	13.3	62	20.0
小　　　　　計	245	47.1	455	81.3	700	64.9	67	58.8	42	21.5	109	35.3
世 帯 数 計	520	100.0	559	100.0	1,079	100.0	114	100.0	195	100.0	309	100.0

注）世帯票による

居の子供も近くに住んでいる者が多い。それに対して，「別居後同居」の75歳以上では，別居の子供が近くに住んでいる者が少ない。介護等の必要が生じたとき，一貫同居の者は同居の子供と別居の子供の双方の援助が得やすいが，別居後同居の者は，近くに他の子供がいないとすると，同居を引き受けた子供がもっぱら介護を引き受けることになるということであり，また，高齢者にとっても日常的な往き来はもてないということである。この調査からはなぜそうなのか解明できないが，ともあれ，同居している子供の負荷は「別居後同居」において大きいことは明らかである。

(2) 別居後同居世帯について

「別居後同居」の近年の傾向を捉えるため，またなぜ同居するのかその理由をわかりたく，1980年以降に同居を再開始した世帯に限定して分析を試みた。表 3 −16に示すように全部で134世帯が別居をしていて1980年以降に同居をし

表 3 −16　1980年以降に「別居後同居」した世帯数　（世帯数, %）

同居時年齢	調査世帯	推 計 値
64 歳 以 下	32 （ 23.9%）	212 （ 35%）
65 歳 〜 74 歳	59 （ 44.0%）	282 （ 46%）
75 歳 以 上	43 （ 32.1%）	111 （ 18%）
計	134 （100.0%）	605 （100%）

第3章　高齢者をめぐる家族の実態　107

表3−17（その1）　同居時年齢と同居事情　　　　　(%)

		〜64歳	65〜74歳	75歳〜	合　計
転入者	子が転入	73.1	36.4	25.6	40.3
	親が転入	26.9	63.6	74.4	59.7
	計	100.0	100.0	100.0	100.0
夫婦か	夫婦で同居	72.4	37.5	20.9	39.8
	単身で同居	27.6	62.5	79.1	60.2
	計	100.0	100.0	100.0	100.0

注）世帯票による

た世帯である。

　同居した時の年齢を中心に分析することにする。同居時年齢を，60〜64歳，65〜74歳，75歳以上の三区分すると，60〜64歳で同居した者は134ケース中32ケース，65〜74歳で同居したものは59ケース，75歳以上は43ケースである。これを推計値で表すと，60〜64歳は212ケースで35％，65〜74歳は282ケースで46％，75歳以上は111ケースで18％である。前掲の表3−11では加齢に比例して別居後同居者の割合は増加する傾向を示していたが，その年齢は調査時点現在の年齢であり，再同居した時の年齢ではない。再同居する年齢は，75歳以前のものの方が多いのである。

　さて，同居時年齢別に同居事情をみると表3−17（その1）のようである。60〜64歳に同居したものは子供が7割以上と圧倒的に子供の方が転入してきている。65歳以上になると親の転入が多くなり，75歳以上では7割を越えるというように逆転する。同居したとき高齢夫婦であったか高齢単身であったかをみると，60〜64歳では夫婦が7割を越えるが，65歳以上になると単身の方が増加し，75歳以上では8割もが単身である。つまり，60〜64歳では子供が転入してきており，高齢夫婦が揃っているものが7割である。65歳以上になると事情が一変して逆になる。親が単身で転入している。実に，対照的である。

　表3−17(その2)より経済的背景をみることにする。まず年金額は，60〜64歳では180万円以上の者が5割弱を占める。65歳以上では180万円以上の者は少

表3－17（その2）　同居時年齢と経済的背景　　　　　　　　　　（%）

		～64歳	65～74歳	75歳～	合　計
年金額	180万円以上	48.0	27.1	10.3	25.9
	96～179万円	12.0	25.0	23.1	21.4
	95万円以下	40.0	47.9	66.7	52.7
	計	100.0	100.0	100.0	100.0
家計	一緒でなくても困らない	46.2	25.9	30.2	31.7
	どちらともいえない	11.5	18.5	7.0	13.0
	一緒でないと困る	42.3	55.6	62.8	55.3
	計	100.0	100.0	100.0	100.0
持家名義	自分	56.0	21.4	22.9	29.3
	以前自分，いま子供	16.0	16.1	11.4	14.7
	以前から子供	12.0	48.2	51.4	41.4
	その他	16.0	14.3	14.3	14.6
	計	100.0	100.0	100.0	100.0

注）世帯票による

表3－17（その3）　同居時年齢と身体状態　　　　　　　　　　（%）

		～64歳	65～74歳	75歳～	合　計
就労	就労中	53.3	20.0	11.9	25.2
	無業・退職	46.7	80.0	88.1	74.8
	計	100.0	100.0	100.0	100.0
ADL	電車，バスで外出可	59.4	41.8	32.6	43.1
	近所，家では動ける	34.4	43.7	48.8	43.1
	寝たり起きたり・寝たきり	6.2	14.5	18.6	13.8
	計	100.0	100.0	100.0	100.0
健康	健康	82.8	50.9	42.9	55.7
	病気，病弱	17.2	49.1	57.1	44.3
	計	100.0	100.0	100.0	100.0

注）個人票による

なく，95万円以下の者が多くを占める。75歳以上では7割弱である。しかし，64歳以下でも95万円以下のものが4割と少なくないことは留意すべき点である。

「家計の上で子供と一緒でないと困るか」という質問に対する回答は，ほぼ，年金額と対応している。64歳以下では一緒でなくても困らないものがもっとも多い。65歳以上になると一緒でないと困る者の方が多くなる。しかし，年金額と同じように，64歳以下において一緒でないと困ると回答したものが4割強を占めている。

次に，持家の名義をみると，64歳以下では「自分」および「以前自分，今子供」が7割を越える。65歳以上になると「自分」は減り，「以前から子供」が多くなり，75歳以上では5割強である。

以上から，経済的要素が，特に65歳以上では，同居における大きな要素として考えられる。

次いで，表3—17（その3）から身体状態をみることにする。最初に，就労しているかどうかをみると，60〜64歳では就労中のものが5割を越えている。65歳以上になると8割以上が無業（主として主婦）もしくは退職となる。

次のＡＤＬの点では，「バス，電車で外出可」は，64歳以下は6割，65〜74歳は4割，75歳以上は3割というように確実に減少しているが，「近所，家でなら動ける」者の割合は，34％，44％，49％と高年齢になるにしたがって大きくなる。「寝たり起きたり，寝たきり」も6％，15％，19％というように増加はするが，絶対値は大きくない。加齢によるＡＤＬの低下は，確かに別居後同居の理由ではあるが，「近所，家でなら動ける」という介護の必要まではいかないとしても，おそらく家事は困難というレベルで同居するものがもっとも多いのである。それは，上でみた年齢構成とも符合する。

それから，同居時に健康であったか病気であったかという点であるが，64歳以下では同居時健康であるものが8割を越える。65〜74歳では病気病弱が5割であり，75歳以上では6割弱を占める。ここでいう病気は，風邪のような一過性のものはもちろん含まない。同居のきっかけとしてはＡＤＬの低下以上に病

気の要素が大きいと考えられる。

 以上まとめると，60〜64歳の同居は，親サイドの経常的な生活費が不十分であることによるものがかなり含まれるものの，子供の住宅問題も同居の理由といえる。加えて親サイドの将来的な介護問題が考慮されての同居であるだろう。65歳以上の場合は，単身になったこと，経済的な問題，ＡＤＬの低下，病気の問題，それらが複合しているといえる。つまり，ＡＤＬの低下が特に大きな，または直接的な同居理由というわけでは必ずしもない。将来の不安が現実的なものとして強く感じられるようになったとき，それは，単身になった時とか病気になった時とかかもしれないが，同居に移行していると推量される。他に方法がないとすれば子供を頼るしかない。不安感が早めの同居を促進することになっているのではなかろうか。

 他方で，切実な状況の下において同居したものがあることを以上の分析からとらえられる。特に75歳以上で同居に移るものの場合は，経済的にも身体状況としてみても逼迫した状況にあるものが少なくない。同居の諸条件が不十分なために，同居が遅れたと見て取れるのである。たとえ，同居条件が十分でなくても同居するしかないのである。

3．家族問題としての高齢者問題

 この章において述べてきたのは，生活の基盤としての世帯の家族構成の特徴と変化であり，いわば，高齢者の生活の枠組みないし外形について述べたに過ぎないが，種々の問題を捉えることができたと考える。

 第一は世帯類型の特徴に関することである。高齢者をめぐる家族の現状は，既婚子との同居を中心としながらもそのほかに，さまざまな家族の形態をとっている。正常とか不正常とかという価値判断は安易に下すべきではないが，高齢者を含む家族の生活が磐石ではなく，辛うじて，あるいはかなりの無理の上に成り立っているものが少なくないことが，外形である枠組みの分析からでも

推測できるのである。「多様性」といっては済まされない形で高齢者とその家族の生活が営まれているといえる。

　第二は，第一とも関連するが，家族依存の高さの問題である。筆者は，高齢期の生活の家族依存度は高いと考えていたが，これ程までに家族に支えられているとは思っていなかった。一貫同居率は低下しているにも関わらず，高齢者のみ世帯は，ライフサイクルの変化のステージの一つであり，必ずしも最終ステージではない。加齢とともに高齢単身のみ世帯の比率が増加しないことは，不思議にすら思える。しかし，それは，おそらく習志野市という東京都心に近い地域の恵まれた環境のお陰ともいえるのであろう。子供世帯の生活条件の基盤があるから，そこに，高齢者が連なることができる。プラス（＋）という記号を用いて家族構成を表現してきたのは，そのような含意でもある。同居をよしとする者ももちろんあろう。しかし，望まない者もある。選択の自由があるかどうかが問題である。「高齢単身＋既婚子」の形が，都市高齢者のもっとも典型的な世帯類型であり，それは加齢にともない，ＡＤＬの低下にともない増加し，形成されている。

　他方で，繰返し述べてきたことだが，未婚子その他との同居も少なくないことを見逃してはならない。

　第三に，第二の帰結として「別居後同居」があることである。一貫同居と別居後同居の諸生活条件がほとんど類似していたことも，同居が一般的であることの表われであるだろう。一旦別居しても，それは一時的であり，同居が当然とされているのが現状であるといえる。

　そこで，高齢者の問題は，子供家族と同居できないことの問題や，子供家族の介護負担の問題といった家族の負荷の問題として提起されている。

注)
1)　表2－7において用いている世帯類型の9分類は，本書において家族分析の基本的な分類としているものであり，重要な分類である。この分類は，松崎粂

太郎の高齢者調査において用いられている基本的分類であり，川崎調査を共同研究として行い生活分析を筆者が担当した際，この分類を用いた。本書ではそれを踏襲している。なお，松崎粂太郎『老人福祉論―老後問題と生活実態の実証研究―』は，本書ともっとも近い単著の先行研究としてあげることができる文献である。
2)　ほとんど同時期に行われた東京都の調査がある。『昭和60年度老人の生活実態』である。65歳以上の老人調査で，無作為抽出により5,075人について実施された詳細な社会福祉基礎調査である。それによると，単身は12.4％，夫婦は27.8％である(80ページ)。習志野市と比べると単身も夫婦も多いが，東京都は調査対象を個人としているため比較ができない。
3)　同東京都調査では同居老人の22.42％が，別居していて同居したものであり，一貫同居者が71.26％である（87ページ）。

第II部　都市における老人介護の実態

　介護ニードの問題としては，どのように介護されているか（形態とレベル），どれだけ介護されているか（充足されている量），ミニマムは確保されているかという課題に答える必要があろう。ここで，述べることができるのは，主としてどのように介護されているかという課題についてである。どれだけ介護されているか，ミニマムは確保されているかという課題は，どのように介護されているかが明らかにされなければ捉えようがないと考えるので，ここでは，どのように介護されているかという課題を設定し，介護の実態を明らかにすることにしたい。

　医療保障の分野では，疾病は社会的な医療行為と結び付いている。病気ならば病院で受診するのが当然であると今日においては誰もが考えるだろう。しかし，要介護性，つまり加齢による身体機能の低下は，そのまま介護ニードとして社会的に認知されて，介護サービスと結び付くというわけではないのが現状である。老人介護（第II部では「高齢者」ではなく「老人」という言葉を用いることにする。その方が介護問題とマッチすると思われる）は，家族機能の中に自ずから含まれると考えられてきたものであり，「介護」という言葉自体がごく最近用いられるようになった言葉である。家族の中で「世話」されてきたのである。家族内の世話の困難から社会的なサービスが求められてきている。介護は現在どのような実態なのかを明らかにしたいと考える。

　具体的には，第一に加齢による病弱化の過程を追跡して，老人本人の生活と家族形態および家族による介護状況がどう変化していくかをとらえ，家族介護の性格を明らかにし，第二に介護ニードの社会化している場面として老人病院と特別養護老人ホームに着目し，それらを利用している本人と家族の状況の特徴を述べるつもりである。

第一の点は，第4章として，1986年に実施した「在宅病弱老人調査」をもとに在宅病弱老人の介護の実態を述べる。第二の点は，第5章として，老人病院および特別養護老人ホームの調査によりながら，それぞれの老人及び家族の特性について述べるつもりである。

第4章　在宅病弱老人の生活実態

1．調査の目的と方法

　本章は，在宅病弱老人について，つまり，「寝たきり」や「痴呆」まで含めているが，それ以前の病弱化しつつあるものの状況の方に重心をおいて，老人の身体状況，介護の状況，および老人の生活の変化の実態について，大摑みにその特徴を捉えようとするものである。どのように介護されているかをとらえることが重要であると考えるが，後述するように本調査は，50ケースという小規模のものである。どのように介護されているかを統計として示すことができるものではない。ＡＤＬ段階別の一覧表を示しながらのケーススタディとして分析するものである。

　今日の高齢者福祉において，「在宅福祉」の重要性が指摘され施策の充実がはかられてきている。そして，社会福祉の領域だけでなく，医療や保健，住宅施策との連携もすすめられつつあり，その関係の望ましいあり方が問われているところである。この章は，1986年に，「在宅病弱老人調査」として習志野市において実施した調査の結果を分析するものである。ところで，この調査を企画した当初は，医療改革が進められている状況下にあって，病院から在宅へのつながり方，および在宅における医療の関わりが実際にどのようになっているのかを捉えたいという目的で着手したものであり，医療との関係をとらえ，「連携」とはいかなることかを考える資料にしたいということが中心的課題であったのであるが，調査の実施過程において修正を余儀なくされ，当初のねらい通りに運ばず，縮小，かつ，ねらいを在宅介護の実態の把握の方へずらすことになった。本書に収めた部分の分析は，その中の在宅介護における家族の関わりの実態についての部分であり，「在宅病弱老人生活実態調査」の当初の本題である医療と

の関係については、『在宅病弱老人生活実態調査報告書』では「第二章病弱老人の医療との関わり」で大野勇夫氏により分析されているが、ここでは、第3章までの論述との関連において、医療の問題は、在宅介護の前提としての老人の身体状況に限って取り上げ、家族介護がADLの低下にともなって変化していくさまに焦点を当てて分析するつもりである。

後で述べるが、実際の分析対象としたのは50ケース、痴呆を除くと43ケースでしかない。したがって、一覧表によるケーススタディの手法によりながら全般的状況を捉えることとした。この調査の結果から、病弱老人の種々の具体的ニーズの種類や量を捉えることができるものではない。ある種のスケッチともいえるもので、病弱老人を取り巻く状況をとらえ説明するものである。

漠然として捉えどころがない調査のようにみえるかも知れないが、日本の在宅病弱老人とはいかなるものか、その性格を明らかにすることは必要な課題であると考える。というのは、ケアサービスに関連してこれまでなされてきた調査は、「一人暮らし老人調査」「寝たきり老人調査」「痴呆老人調査」といった特定化された対象や問題についてのものであり、それらの調査はいわゆる「福祉ニーズ」を捉え、具体的なサービスの種類や量を測定することを目的とするものである。優れた問題提起がなされてきたことは評価すべきであるが、福祉ニーズは、概していえば、介護問題としてのみ捉えられ、介護に当たる者、それは主として家族であるが、その家族ニーズの把握が主要テーマとされてきたきらいがある。老人本人は、世話を掛ける者、やっかいを掛ける者として、老人の依存的側面が強調されてきたといえる。

人は、加齢とともに病弱化し、いわゆる「要介護老人」になるかもしれないのであるが、そのとき、どのように生きられるか、人間としての尊厳を保ちつつ生きられるのか、老人を主体とした援助のあり方はどうであるのが望ましいのかといったことが、もっと究明され援助の体制がつくられる必要があると考える。

上記のような、小規模のボーリングともいえる調査であるが、病弱化の変化

の過程を追跡することで，在宅病弱老人の問題が奈辺にあるか，明らかにすることができた側面がある。それについて，以下に述べることにしたい。

本論にはいる前に，調査方法について簡単に説明しておくと，以下のようである。

1) 調査対象の選定

調査対象者は，1986年3月に老人保健法により入院していたもの335人を対象とし，6ヶ月後の10月に日常生活行動範囲を六段階，つまり，1．バス，電車で外出，2．家の近くなら外出，3．家の中で普通にしている，4．起きてはいるがあまり動かない，5．寝たり起きたり，6．寝たきり，および7．痴呆にわけたとき，三段階から六段階である者，および痴呆のある者をスクリーニング調査により選びだし調査対象と定めた。その結果，50名が上記の条件の者であった。その50名について，1．退院時の状況，2．家族の状況，3．日常動作の自立度と介護の必要性，4．日常生活，5．経済的状況（介護費用を含む）等の項目について調査した。

スクリーニング調査の結果は，以下の通りであった。
1　病弱（日常生活行動段階3から7のもの）50ケース
2　老人ホーム入所　　4ケース
3　入院中　　70ケース
4　普通の健康状態　　143ケース
5　住所不明　　26ケース
6　拒否　　10ケース
7　留守　　12ケース
8　死亡　　12ケース
9　その他　　8ケース
　　合計　　335ケース

2) 調査の時期と方法

在宅と入所・入院との対比をしたかったが、市側の事情で中途で調査、分析の方針を変更せざるを得なかった。つまり、病院を発端として、どう流れていくのかの追跡調査は、1968年10月7日から26日までの間に行い、上記の335世帯を訪問してスクリーニングのための質問を行い、ＡＤＬが３．〜６．及び７．の該当ケースについては、その場で引き続き本調査の聞き取りを開始した。調査にあたったのは淑徳大学学生である。

2．調査対象者の一般的性格

以下の分析に先立って調査対象者の一般的性格を述べておきたい。

1) 性別および年齢別構成

性別および年齢別構成は、表４－１の通りである。まず、調査対象者の性別は、男が21ケース（42％）で女が29ケース（58％）である。

次に、年齢構成は、表の下欄に示している国勢調査では65歳から69歳の年齢階級のものがもっとも構成比が高く、高齢化するほど、人数の割合は減少していくが、本調査の対象者では、69歳以下は４％と少なく、70〜74歳が28％、75〜79歳が26％、80〜84歳が20％、85歳以上が22％と、70歳以上の５歳きざみの年齢階級に、それぞれ20％以上が分布している。

表４－１　性別と年齢

男女別	年齢	65〜69歳	70〜74歳	75〜79歳	80〜84歳	85〜90歳	90歳以上	計
調査対象者	男	1	9	3	5	3	0	21
	女	0	5	10	5	7	1	29
	計	2	14	13	10	10	1	50
	計の％	4.0	28.0	26.0	20.0	20.0	2.0	100.0
昭和60年国勢調査		35.8	29.9	19.6	10.2	4.5		100.0

注）国勢調査は健康者も含まれる。数字は％。

国勢調査の年齢分布は，いうまでもなく健康者も病弱者も含んだものだが，われわれの病弱者だけの調査では，高齢者の方の層が相対的に厚いことを示している。

2） 家族構成

次に，家族構成は，表4－2の通りである。調査世帯では，Ⅰ老人のみ世帯が12ケース（24％），Ⅱ既婚の子供と同居が24ケース（48％），Ⅲ未婚の子供と同居が9ケース，（18％），Ⅳ子供欠損家族（父子世帯や母子世帯）と同居が5ケース（10％）である。

このように，既婚の子供と同居のものが約5割ともっとも多いが，しかし，病弱老人の同居世帯として通常イメージされるところの既婚の子供との同居は，5割弱で半分でしかなかった。

比較資料として，昭和61年の習志野市の老人生活実態調査結果の数字をみると，Ⅰ老人のみは29％で，今回の調査世帯より多い。Ⅱ既婚の子供と同居は46％で，やや少ない。Ⅲ未婚の子供と同居は19％で，本調査とあまりかわりがない。Ⅳ欠損家族の子供と同居は3％で，本調査の方が10％とかなり多い。

さらにこまかい点での特徴として指摘できるのは，本調査の対象者において，Ⅰ老人のみ世帯の中では老人夫婦の割合が高いこと，それから，Ⅱ既婚の子供と同居では，老人単身との同居の率が高いことである。

世帯の大きさをみると表4－2（その2）の通りである。1人から8人まで分散が大きいが，二つの山を指摘できる。一つは2人世帯，今一つは，4～5人世帯である。全体を平均すると4.0人である。これは，病弱老人を含めての大きさであり，老人を含む世帯としては意外さを感じさせる小ささである。高齢者を含む全体の世帯については61年度の基礎調査の結果として表2－6に示しているが，それと比較して大きな違いはみられない。ただ，1人規模は，1世帯しかみられない。

次に，何世代からなる世帯かをみると表4－2（その3）の通りである。一

表4－2（その1） 世帯類型

		本調査 実数	本調査 %	基礎調査, 65歳以上
I 高齢のみ	1.高齢単身	3	6.0	9.4%
	2.高齢夫婦	9	18.0	18.8
	3.その他高齢のみ	0	0.0	0.9
	小計	12	24.0	29.1
II 既婚子と同居	4.高齢単＋既婚子	18	36.0	29.5
	5.高齢夫婦＋既婚子	6	12.0	16.4
	小計	24	48.0	45.9
III 未婚子と同居	6.高齢単＋未婚子	4	8.0	9.1
	7.高齢夫婦＋未婚子	5	10.0	10.3
	小計	9	18.0	19.4
IV 子供欠損家族と同居	8.高齢単＋子供欠損家族	4	8.0	2.4
	9.高齢夫婦＋子供欠損家族	1	2.0	0.8
	小計	5	10.0	3.2
その他		0	0.0	2.2
不明		0	0.0	0.2
計		50	100.0	100.0

表4－2（その2） 世帯の大きさ

	1人	2人	3人	4人	5人	6人	7人	8人	計	平均
3 家の中で普通に動いている	0	4	2	1	3	1	1	2	14	4.4人
4 起きてはいるがあまり動かない		1	2	1	3	2			9	4.3人
5 寝たり起きたり	1	6	1	2	1		1		12	3.0人
6 寝たきり		2		3	2			1	8	4.3人
計	1	13	5	7	9	3	2	3	43	4.0人

表4－2（その3） 家族構成の世代

	一世代	二世代	三世代	四世代	計
3 家の中で普通に動いている	4	2	7	1	14
4 起きてはいるがあまり動かない	1	2	6		9
5 寝たり起きたり	5	5	2		12
6 寝たきり			2	6	8
計	10	11	21	1	43

表4-3 社会階層

	本調査 実数	本調査 %	基礎調査(%)
1. 経営者, 小経営者	2	4.0	3.6
2. 自営業主	12	24.0	28.3
3. 俸給生活者 大, 専門	11	22.0	25.2
4. 俸給生活者 中, 小	1	2.0	11.3
5. 労働者 大	4	8.0	9.2
6. 労働者 中	3	6.0	7.1
7. 労働者小, 販, サ 労働者	4	8.0	8.2
8. 単純労働者	4	8.0	2.5
9. 無業	1	2.0	1.2
不明	8	16.0	3.4
計	50	100.0	100.0

世代が10ケース（24%），二世代が11ケース（26%），三世代が21ケース（49%），四世代は1ケース（2%）である。三世代と四世代をあわせると51%でもっとも多いというものの半数でしかない。

3） 社会階層

次に，社会階層を示すと表4－3の通りである。これは，老人本人，または老人本人が女性の場合は，若いときに寡婦になったものでないかぎりは夫の職業によるものである。そして，定年前または55歳頃の職業によって捉えたものである。表によると調査世帯の社会階層は昭和61年度の老人生活実態調査の結果とほとんど変りない構成となっている。

つまり，所属社会階層に関わりなく，長生きし，病弱化していくということであり，7．，8．等の不安定低所得階層であったものも在宅として，地域で暮らしているということである。

表4—4（その1） 日常生活行動範囲

	本調査		基礎調査		
	実数	%	実数	計を100とした%	3,4,5,6を100とした%
1. バス，電車で外出	—	—	1,463	55.0	—
2. 近所へ外出	—	—	816	31.0	—
3. 家の中で普通に	14	28.0	220	8.0	56.7
4. 起きているが動かない	9	18.0	81	3.0	20.9
5. 寝たり起きたり	12	24.0	53	2.0	13.7
6. 寝たきり	8	16.0	34	1.0	8.8
7. 痴呆	7	14.0	—	—	—
不明	0	0.0	—	—	—
計	50	100.0	2,667	100.0	
3，4，5，6 再掲	43		388	14.5	100.0

4） 日常生活行動範囲

調査対象者の日常生活行動範囲の分布は表4—4（その1）の通りである。調査対象者を表側の3．から7．に限定したので，「1．バス，電車で外出」および「2．近所へ外出」の者がないのは当然である。基礎調査では，上記の1．および2．のものが多く86％を占めていた。今回の調査は3．以下のものということであるので，最右欄に，3．から6．までのものの計を100としたパーセンテージを示しているが，それとくらべると，61年度調査では，3．が57％，4．が21％，5．が14％，6．が9％というように，順次，構成比が小さくなっていく傾向がみられるのに対して，今回の調査対象者は，3．が14ケースで28％，4．が9ケースで18％，5．が12ケースで24％，6．が8ケースで16％，そして，7．として痴呆を設けたが，それが7ケースで14％というイレギュラーな分布であった。それは，調査数が少ないことによるだろう。3．がやはりもっとも多いが，4．以下がそれぞれそれなりのケース数であることは，各グループの特徴を把握するうえで好都合であった。

世帯類型とADLの関係を示すと表4—4（その2）のようである。サンプ

表4－4（その2）　日常生活行動範囲別世帯類型

		3家の中で普通に動いている		4起きてはいるがあまり動かない		5寝たり起きたり		6寝たきり		計	
		人	%	人	%	人	%	人	%	人	%
Ⅰ老人のみ	1.高齢単身	0		0		1	8.3	0		1	2.3
	2.高齢夫婦	4	28.6	1	11.1	4	33.3	0		9	20.9
	3.その他老人のみ	0		0		0		0		0	
	小計	4	28.6	1	11.1	4	41.6	0		10	23.2
Ⅱ既婚子との同居	4.高齢単＋既婚子	5	35.8	4	44.5	1	8.3	5	62.5	15	34.9
	5.高齢夫婦＋既婚子	3	21.4	0		2	16.7	1	12.5	6	14.0
	小計	8	57.2	4	44.5	3	33.3	6	75.0	21	48.8
Ⅲ未婚子との同居	6.高齢単＋未婚子	0		0		2	16.7	2	25.0	4	9.3
	7.高齢夫婦＋未婚子	1	7.1	1	11.1	2	16.7	0		4	9.3
	小計	1	7.1	1	11.1	4	33.4	2	25.0	8	18.6
Ⅳ子供欠損家族との同居	8.高齢単＋子供欠損家族	1	7.1	2	22.2	0		0		3	7.0
	9.高齢夫婦＋子供欠損家族	0		1	11.1	0		0		1	2.3
	小計	1	7.1	3	33.3	0		0		4	9.3
	合計	14	100.0	9	100.0	12	100.0	8	100.0	43	100.0

ル数が小さいためADLの変化に規定される家族構成の特徴を正しく捉えることは無理であるが，要介護度が高まる5．6．の段階において「老人夫婦世帯」があること，既婚子との同居世帯が多いとはいうものの，未婚子との同居も馬鹿にならない大きさである。前掲の表3－12に，基礎調査による全体の傾向が示されている。それによるとADLの低下にともなう家族構成の変化は明白で

表4-5 病名

病名	本調査 実数(人)	本調査 比率(%)	基礎調査（75歳以上）実数(人)	基礎調査（75歳以上）比率(%)
高血圧	2	3.4	213	34.9
脳出血	8	13.6	11	1.8
脳軟化症	0	0.0	6	1.0
心臓病	5	8.5	67	11.0
気管支炎	1	1.7	14	2.3
ぜんそく	4	6.8	7	1.1
胃腸病	6	10.2	43	7.0
肝臓病	2	3.4	9	1.5
糖尿病	3	5.1	24	3.9
腎臓病	2	3.4	10	1.6
神経痛・リュウマチ	1	1.7	63	10.3
老年性痴呆	0	0.0	7	1.1
精神病	0	0.0	1	0.2
外傷・骨折	8	13.6	20	3.3
その他	17	28.8	115	18.9
計	59	100.0	610	100.0

あった。

　以下の分析は，主として，この日常生活行動範囲ごとに，それは生活行動範囲に表れた病弱化の程度を意味すると思うが，諸特徴を捉えていくことにしたい。

3．病弱老人の退院時の状況

　この節では，老人の在宅生活の始まりである退院時の状況について説明しておくことにしたい。

　第一に，まずは入院の理由となった病気の種類をみることにしたい。表4－5の通りである。比較のために基礎調査において「病気あり」と答えた75歳以上の者の病名をあげておいた。基礎調査の病名と比べた「病弱老人」の特徴は

高血圧症の比率が少なく脳出血が8名でその比率が高いことである。また，外傷，骨折も8名と多い。それは，基礎調査が健康老人をも含む在宅老人一般の病気で，したがって，高血圧症のように入院を必ずしも必要としないものが多いのに対して，ＡＤＬ状態が第三段階以下のものを取り出すと，脳溢血の後遺症を持つ者や骨折が多くなるということであろう。心臓病，胃腸病や気管支炎，喘息など若ければ入院にはおよばない病気でも入院の必要がでてくるようである。「その他」の中の病名として目だつのは肺炎，および肺気腫が6名，老人性白内症が3人，パーキンソン病が3人などであった。

　第二に，入院期間は以下のようである

1ヶ月未満	13ケース
1ヶ月以上2ヶ月未満	16ケース
2ヶ月以上	6ケース
6ヶ月以上	4ケース
1年以上	2ケース
不明	9ケース
計	50ケース

　一般に6ヶ月以上の入院は社会的入院として問題とされるが，それは上記のように6ケースと少なかった。もっとも，退院し在宅にいる者には長期入院者が少ないということであろう。スクリーニングした結果をはじめに示したが，それによるとまだ入院中の者が335名中70名もみられるのである。

　第三に，痴呆について，スクリーニング調査で痴呆と答えた者は7ケースであった。その7ケースは，後掲の一覧表にみられるように軽度の者で，歩行にも問題はないものが7ケース中5ケースであり，1ケースだけは「目が離せない」「失見当あり」という問題を持つが，痴呆の7ケースを一つのグループとして問題をとらえていくことはできない。

　痴呆のある者は，スクリーニングで痴呆と答えた者以外にも含まれている。

表4－6　行動範囲と痴呆　　　　　　　　　　　　　　　　(人, %)

		家の中で普通に動いている	起きてはいるがあまり動かない	寝たり起きたり	寝たきり	痴呆	計
ボケあり		5	5	4	4	7	25（50%）
ボケなし		9	4	8	4	0	25（50%）
計		14（28%）	9（18%）	12（24%）	8（16%）	7（14%）	50（100%）
ボケの程度（ボケありのみ計上）	軽度	4	1	0	1	5	11（44%）
	中度	1	4	3	2	2	12（48%）
	重度	0	0	1	1	0	2（8%）
計		5（20%）	5（20%）	4（16%）	4（16%）	7（28%）	25（100%）

表4－7　退院時ADLと現在のADL　　　　　　　　　　　　(人)

退院時＼現在	屋外歩行可	屋内歩行可	ベッド上生活自立	全介助必要	不明	計
屋外歩行可	5	4	0	0	0	0
屋内歩行可	3	15	0	0	0	18
ベッド上生活自立	3	1	7	1	0	12
全介助必要	0	2	2	4	0	8
不明	0	2	0	0	1	3
計	11	24	9	5	1	50

　表4－6にADLごとに含まれる痴呆のものの数を示しているが，全部で25人である。重度の者は2ケースと少ないが，中度の者は12名である。痴呆は，ADLの状態と重なって問題を複雑にし困難にしているだろう。以下の分析では，スクリーニングで痴呆と回答した者は一つのグループとして分析はしないで，各ADL段階に含まれる痴呆について注意を払いながら観察していくことにしたい。

　第四に，リハビリテーションの問題である。後掲の表4－8以降の一覧表にみられるように，入院時のリハビリは病気の種類との関係でおおむね妥当に行われているといえる。病気の治療およびリハビリが身体状態の改善に効果を上げて退院後の在宅を容易にし可能としているということができる。在宅介護は少なくとも「ベッド上自立」ができることが条件であろう。表4－7に退院時

第4章　在宅病弱老人の生活実態　127

表4-8　身体状態（その1）「家の中で普通に動いている」

No.	年齢	性別	病名	入院時リハ	退院後リハ	リハビリ	屋外歩行可	屋内歩行可	ベッド上自立	全介助	ボケの有無	ボケの程度	ボケのため目が離せない	その他の失見当
13	70	男	心臓病	○	○	階段ベット歩行	○				ある	軽度	×	×
10	72	女	脳こうそく				○	○			ない			
11	74	男	胃腸病				○	→△			ない			
14	75	女	肺きしょう・かいよう				○	→△			ない			
5	76	男	肝臓病				△	→△			ある	軽度	×	×
6	77	女	糖尿病					○			ない			
7	78	男	パーキンソン				○	→△			ある			
1	78	女	白内障				△				ある	軽度	○	○
12	79	女	動脈りゅう	○		砂袋を持ち上げて自分なりにリハビリ(病院で教えられて)		○			ない	軽度	×	×
2	80	男	肺炎、脳こうそく					○		○	ない			
8	80	女	ぜんそく					○			ある	中度	×	×
9	80	女	骨折				△		○		不明			
3	84	女	糖尿病	○	○	電気をかける		○			ない			
4	88	男	足がわるい	○	○	歩行訓練		○			ない			

注1）屋外歩行可・屋内歩行可・ベッド上自立、全介助－これらは、ADL状況を示したものである。
　　○印は現在のADL、△印は退院直後のADLであるが、変化のあるケースのみ。
注2）ボケのため目が離せない、その他の失見当－○は「あり」、×は「ない」を示すものである。
注3）No.は、次節以降に用いているNo.と同じ番号である。

表4-9 身体状態（その2）「起きてはいるがあまり動かない」

No.	年齢	性別	病名	入院時リハ	退院後リハ	リハビリ	屋外歩行可	屋内歩行可	ベッド上自立	全介助	ボケの有無	ボケの程度	ボケのため目が離せない	その他失見当
2	68	男	糖尿病					○			ない			
6	70	男	糖尿病					○			ない			
1	71	男	糖尿病				不明				ある	中度	○	×
4	79	女	高血圧，脳けっせん	○	○	言語指導，手を動かすなど			○		ある	中度	×	×
3	79	女	骨折	○	○	不明		○			ある	中度	○	○
7	79	女	心臓						○		ない			
5	81	女	ぜんそく，糖尿病	○		歩行練習		○			ある	中度	○	○
9	85	男	胆石					○			ない		×	○
8	85	女	骨折					○			ある	軽度		

注）その1と同じ。

表4-10 身体状態（その3）「寝たり起きたり」

No.	年齢	性別	病名	入院時リハ	退院後リハ	リハビリ	屋外歩行可	屋内歩行可	ベッド上自立	全介助	ボケの有無	ボケの程度	ボケのため目が離せない	その他失見当
2	70	男	網膜剝離					○			ある	中度	×	○
9	73	女	神経痛					○			ない			
7	74	男	前立線肥大					○			ある	中度	○	×
1	77	女	白内障		○	腰痛体操			○		ない			
12	79	女	脳出血			自発的に歩行練習（リハビリとはいえないけれども）			○		ある	重度	○	○
3	80	男	老衰	○				○			ない			
4	81	男	パーキンソン，胃かいよう	○	○	歩行訓練，退院後は市の…		△			ない			
10	81	男	心臓病	○				○			ない			
8	82	女	骨折		○	足の機能回復，退院後マッサージ，家の中を歩く	△				ない			
5	86	男	心臓病，肺さしゅ						○		ある	中度		○
11	89	女	腎臓病，骨折，腰痛					△			ない			
6	94	女	栄養障害						△		ない			○

注）その1と同じ。

第4章　在宅病弱老人の生活実態

表4-11　身体状態（その4）「寝たきり」

No.	年齢	性別	病名	入院時リハ	退院後リハ	リハビリ	屋外歩行可	屋内歩行可	ベッド上自立	全介助	ボケの有無	ボケの程度	ボケのため目が離せない	その他の失見当
6	74	女	肺炎	○		市の保健婦さんによる				○	ない			
7	83	女	ぜん息,肺炎,腰痛						○→△		ない			○	×
1	85	男	糖尿病							○	ある	重度	○	○
2	85	女	かぜ						○		ある	中度	×	×
3	85	女	心臓病			車イスの乗り降り		○			ある	軽度	×	○
4	86	女	老衰	○	○					△	ない			
8	87	女	脳出血	不明		歩行訓練でてすりを使って一旦となったが帰宅してすぐ歩けなくなった					ある	中度	×	○
5	89	女	糖尿病	○	○					○	ない		○	

注）その1と同じ。

表4-12　身体状態（その5）「痴呆」

No.	年齢	性別	病名	入院時リハ	退院後リハ	リハビリ	屋外歩行可	屋内歩行可	ベッド上自立	全介助	ボケの有無	ボケの程度	ボケのため目が離せない	その他の失見当
1	70	男	骨折	○	○	リハビリの器具を使う	○				ある	中度	×	×
2	71	男	脳こうそく	○		一時間			○		ある	軽度	×	×
3	72	男	脳出血				○				ある	軽度	×	×
4	73	女	肥満				○				ある	軽度	×	×
5	73	女	胃腸病,肺炎,胃かいよう	○		体操（棒体操）		△			ある	軽度	×	×
6	77	女	骨折,白内障	○		立ち上がりしゃがんだり/歩行		△			ある	軽度	×	×
7	87	男	貧血						△	○	ある	中度	○	○

注）その1と同じ。

のADLと現在のそれを示しているが、それによると退院時に全介助を要した者は50ケース中8ケースである。6ヶ月後の調査時現在では5ケースとなっている。「全介助」からの改善がみられた3ケースは表4－10の身体状態（その3）のNo.4, No.6, 表4－12の身体状態（その5）のNo.7である。このうち1ケースは退院後のリハビリの効果と判断される。他の2ケースは退院直後の病状の軽癒とともに回復したと思われる。

ともあれ、ベッド上自立以上に回復した状態で退院した者が50ケース中38ケースであり、多くはそこから在宅介護が始まっていることを指摘しておきたい。そして、調査を実施したのはその6ヶ月後である。

最後に、現在のADL別に調査対象者の身体状況に関する一覧表をあげておくことにする。表4－8の（その1）から表4－12の（その5）までのようである。身体機能は退院時と調査時のものであるが、上記したように退院時以降に身体機能が向上した者がいる。また、逆に低下した者もみられる。

4．病弱化と介護，および老人の生活の変化

この節では、老人の病弱化につれての介護と生活の変化について、述べることとしたい。この4節でも、ケースごとの一覧表の形で示すによって、特徴をとらえることにする。

1)「3．家の中で普通に動いている」場合

生活行動範囲の段階別に、どのような特徴があるかを捉えることによって、病弱化につれての介護および老人の生活の変化を明らかにすることにしたい。まず、「3．家の中で普通に動いている」場合について示すと表4－13の通りである。ケースを並べている順序は、前掲表1－9の世帯類型番号で分類し、次にその類型の中で、病弱老人本人の年齢の若い順に並べてNo.を付している。たとえばNo.1の2－78とは、2が世帯類型を示しており、先の表1－2にみられ

第4章 在宅病弱老人の生活実態

る「2．老人夫婦」の類型であり，78は78歳ということである。世帯類型は大まかにいえば，1．から3．までが老人のみ世帯，4．と5．が既婚の子供と同居の世帯，6．と7．が未婚の子供と同居の世帯，8．と9．が欠損家族と同居の世帯である。

表頭に並べた事項は，表にみられる通りであるが，身体的能力に関連する事項，介護に関連する事項，老人の生活に関する事項の3点に大別される事項について示している。

「3．家の中で普通に動いている」ケースは全部で14ケースである。そのうち，4ケースが老人のみの夫婦世帯，8ケースが既婚の子供と同居の世帯，1ケースが未婚の子供と同居の世帯，そして最後の1ケースが，欠損家族の子供と同居の世帯である。14ケースの平均年齢は77.9歳であり，80歳未満のケースが14ケース中9ケースである。80歳以上のケースは，老人夫婦のみ世帯の方に，むしろ多くみられる。

次に，表頭の3点について，それぞれ特徴を述べていきたいが，最初の身体的能力等については，すでに前章でくわしく述べているので，ここでは，ごく簡単に，ｂの介護やｃの老人の生活の前提として，現在の身体的能力を中心に捉えておくことにする。

さて，「家の中で普通に動いている」という場合は，現在の身体的能力は，1．の屋外歩行可能と2．の屋内歩行可能のものだけからなる。1．屋外歩行可能の者が14ケース中4ケース，2．屋内歩行可能者は，したがって10ケースであり，屋内歩行可能というのが，生活行動範囲3の類型のものの中心的な身体的能力であるといえる。屋外歩行可能ということであれば，生活行動の範囲として家の中でなく「外出」があっても良いと思うが，日常の生活においては，「外出」のない生活行動範囲の縮小されたものになっている。しかし，No.9は，「ｃ老人の生活」の欄にみられるように，孫の結婚式にそなえて，歩いて美容院へ行っている。時には外出することがあるということである。また，No.12は，夫の運転する車で，毎日のように外出している。

表4-13 病弱化と介護・生活の変化(その1)

No.	世帯類型と年齢	退院時の身体的能力	現在の身体的能力	ボケの有無と程度	退院後のリハビリテーション	寝返り	立ち上がる	歩く	食べる	便器使用	オムツ	着る	浴槽出入り	身体を洗う
1	2-78	2 屋内歩行可	2 屋内歩行可	なし	なし								△	△	△
2	2-80	2 屋内歩行可	2 屋内歩行可	なし	自分なりに行う		○△	○△			△			
3	2-84	1 屋外歩行可	1 屋外歩行可	なし	電気をかける									
4	2-88	2 屋内歩行可	2 屋内歩行可	なし	歩行訓練								△	
5	4-76	1 屋外歩行可	2 屋内歩行可	なし	なし									
6	4-77	2 屋内歩行可	1 屋外歩行可	軽度	なし									
7	4-78	1 屋外歩行可	2 屋内歩行可	軽度	なし								時々○△	○△
8	4-80	2 屋内歩行可	2 屋内歩行可	中度	なし									
9	4-80	3 ベッド上起坐	1 屋外歩行可	なし	なし									
10	5-72	2 屋内歩行可	2 屋内歩行可	なし	歩行週一回	△	△				△	△	○△	
11	5-74	1 屋外歩行可	2 屋内歩行可	なし	なし									
12	5-79	4 全介助	1 屋外歩行可	軽度	なし									
13	7-70	1 屋外歩行可	2 屋内歩行可	軽度	なし									
14	8-75	2 屋内歩行可	2 屋内歩行可	なし	なし									

「3．家の中で普通に動いている」場合　14ケース

	について			c　老人の生活			最近の生活			
自助具	介護備品の購入	家の改造	自立生活のための工夫	調査日前日の一日の行動			散歩	買物	普段着をきる	入浴
				午前	午後	夕刻				
なし	なし	なし	なし	新聞・テレビをみる	昼寝・テレビ庭いじり	テレビ	○	×	×	不明
杖・車イス	洋式トイレ風にする器具	トイレの手すり	動かせるところは自分でしてもらう	7時半起床，リハビリをし，こたつでテレビ	こたつでテレビ入浴	こたつでテレビ10時就寝	×	×	○	週三回以上
なし	なし	なし	なし	何もしない	庭の清掃と手入れ	風呂をわかし入浴	×	×	○	週三回以上
なし	なし	なし	なし	新聞・テレビをみる	テレビをみる	入浴後テレビをみる	○	○	○	不明
不明	不明	不明	不明	不明	不明	不明	×	○	○	不明
なし	なし	風呂場の改造	なし	寝ている	読書	読書	×	×	○	週三回以上
ポータブルトイレ夜間	ポータブルトイレ	なし	自分でできるだけやるようにしている	居間に坐ってテレビ	居間に坐ってテレビ	居間に坐ってテレビ	×	×	○	週一回
杖	なし	なし	なし	テレビ	テレビ	テレビ・新聞会話	○	○	○	週三回以上
杖	杖	なし，手すりがほしい	なし	美容院へ孫の結婚式が近い	読書	6時夕食後テレビ11時就寝	○	○	○	週三回以上
杖・車イス		手すり	服の脱着の工夫	リハビリ散歩	リハビリ散歩	寝る	○	×	○	週三回以上
なし	なし	なし	なし	テレビ	家のまわりを歩く，テレビ	寝る	×	×	○	週三回以上
杖有り，しかし使用せず夫の車で移動	なし	なし	椅子の生活にする	芙蓉園へ自分で弁当をつくり，夫の車で出かける	3：00帰宅夕食づくり	食事，風呂	○	○	○	週三回以上
なし	ベッド酸素ボンベネフライザー	新築老人のために	なし	散歩，横になる	入浴・昼寝酸素吸入	夕食，テレビ	○	×	×	週三回以上
杖使わない	なし	廊下にじゅうたんトイレを暖房	なし	不明	不明	不明	○	×	○	週三回以上

次に，介護についてみることにしたい。表では9項目の動作についてみており，その動作が不可能な場合に○印，その動作について介助している場合に△印を付している。表をみると，不可能動作である○印がついているケースは，14ケース中3ケースである。介助している△印が付いているのは5ケースである。「家の中で普通に動いている」という場合には，概していえば，介助の必要性はまだ小さいといえる。だが，介助の必要性が生じてきてはいる。また，○印の数よりも，△印の数の方がずっと多いのも特徴的である。不可能動作の○印は3ケースで5個あるのに対して，△印は5ケースで14個である。不可能動作以上の介助をしている状況である。しかし，介助といっても，その動作について全面的に介助しているというよりも，補助しているということであろう。不可能動作および介助動作としてあがっているのは，立ちあがる，歩く，着る，浴槽の出入り，身体を洗うなどで，あとオムツが1ケースだけある。寝返り，食べる，便器利用などはない。

次に自助具や備品購入，家の改造をみると，自助具および購入備品としては杖が多い。その他，車イス，ポータブルトイレがみられる。購入備品はベッドやポータブルトイレである。家の中の改造としてもっとも多いのは手すりの取付けであり，風呂場の改造や廊下に絨毯を敷くとかトイレに暖房をつけたというケースもみられる。特別なのはNo.13のケースで，老人のために家を新築していることである。以上のように，No.13のように老人のために家をつくりかえたケースもあるが，概していえば，自助具にしろ，備品にしろ，杖，車イス，ポータブルトイレ，ベッド，手すりといった，さほどの費用を必要としないものである。

「老人の自立生活ができるように，なにか，介護の工夫をしておられるということがありますか」という質問をしたが，ほとんどのケースが「なし」という回答であった。工夫としてあげられるのは，「自分でできることは，できるだけ自分でするように仕向けている」ということである。介護者の姿勢として，時間がかかっても自分でさせることが，身体的機能の維持に役立つと考えられ

ているようである。No.10の服の脱着の工夫とは，よくわからないが，脱着しやすい服をつくっているということだろうか。No.12は，和式から椅子式の生活へ切替えている。

　次に，老人生活に目を向けることにする。老人の生活を知るために，調査日前日にしたことについてと，最近の生活について，いくつかの行動をあげ，それをするかしないかを質問した。その回答は表の通りであるが，1日の行動は，新聞を読んだり読書をしたり，庭いじりをしたり，散歩や美容院に行く，あるいは，「老人いこいの家の芙蓉園」に行ったとか，さらに，リハビリをしたとか，会話をしたとかであり，テレビをみている時間が普通より多いようだが，通常の人とさほど質的に違わない1日を過ごしているといえよう。また，時間のメリハリもあり，起きる時間，寝る時間，昼寝をする時間などが，きまっているようである。

　最近の生活については，表では四つの点をとりあげた。第一の散歩だが，散歩しているものは，14ケース中8ケースである。第二に自分のものの買物は，これは少なくて，4ケースだけが買物をしている。普段着に着替えるものは，14ケース中12ケースと多い。第四に入浴も，週3回以上がほとんどである。

2）「4．起きてはいるがあまり動かない」場合

　次に，「4．起きてはいるがあまり動かない」場合について，同じように一覧表にすると表4－14の通りである。全部で9ケースである。

　世帯類型は，老人のみ世帯が1ケース，既婚の子供と同居が4ケース，未婚の子供と同居が2ケース，子供欠損家族と同居が2ケースである。No.1の老人のみのケースは，種々の問題をかかえたケースのようであったが，調査に拒否的で，回答を得ることができていない。したがって，No.1をのぞいた8ケースについてみることになる。

　まず年齢だが，平均年齢は78.2歳で，80歳未満が8ケース中5ケースである。第三段階の「家の中で普通に動いている」場合と年齢の点では，あまり違わな

表4-14 病弱化と介護・生活の変化（その2）

No.	世帯類型と年齢	a 身体的能力				b 介護 不可能動作(○印)と介助(△印)								
		退院時の身体的能力	現在の身体的能力	ボケの有無と程度	退院後のリハビリテーション	寝返り	立ち上がる	歩く	食べる	便器使用	オムツ	着る	浴槽出入り	身体を洗う
1	2-71	不明	不明	不明	不明	(以下不明)								
2	4-68	不明	2 屋内歩行可	なし	不明					○△		○△		○△
3	4-79	3 ベッド上座位保持可	3 ベッド上座位保持可	中度	なし					夜△のみ			△	△
4	4-79	3 ベッド上座位保持可	3 ベッド上座位保持可	中度	月一度医者の応診,手足を動かすアドバイス				○△				○△	○△
5	4-81	2 屋内歩行可	2 屋内歩行可	中度 失見当	なし	○△		△		△		△	△	△
6	7-70	2 屋内歩行可	2 屋内歩行可	なし	不明							○△		
7	8-79	3 ベッド上起坐	3 ベッド上起坐	なし	なし			○△	○				○△	○△
8	8-85	2 屋内歩行可	2 屋内歩行可	軽度	なし									
9	9-85	2 屋内歩行可	2 屋内歩行可	なし	なし							○△	○△	○△

い。0.03歳上なだけである。

　だが，現在の身体的能力は，屋外歩行可能が5ケース，ベッド上坐位保持可能が3ケースである。前段階と比べて身体的能力の低下は明瞭である。また，ボケの中度のものが8ケース中3ケース，軽度が1ケースみられる。

　したがって，介護の必要なケースが増加することとなる。不可能動作もなく，介助の必要もないというのはNo.8のケースだけで，他は，何らかの不可能動作

第4章 在宅病弱老人の生活実態

「4．起きてはいるが動かない」場合　9ケース

自助具について				c　老人の生活			最近の生活			
自助具	介護備品の購入	家の改造	自立生活のための工夫	調査日前日の一日の行動			散歩	買物	普段着をきる	入浴
				午前	午後	夕刻				
普通のベッド	座位の時首を保持する器具	風呂場とトイレに手すり	なし	寝ながらテレビ	→ ″	→ ″	○	×	○	週三回以上
車イス(市から貸与)	なし	なし	なし	テレビ	テレビ	夕飯だけ家族と一緒	×	×	×	月一回
ポータブルトイレ	医療用ベッド車イス, ポータブルトイレ	なし	なし	テレビをボーとみている	→ ″	洗たく物タタミをする	○	×	○	週一回
杖, ポータブルトイレ, 車イス(外出時)	ポータブルトイレ 車イス	なし	ベッドのそばにイスを置いている。それにつかまって自力で立つ	7時起床食卓に坐って朝食。ベッドから下り家政婦と話をする	昼寝1時間家政婦と話をする	6時夕食8時までテレビ, 就寝	×	×	×	入浴しない
杖, 車イス(市から貸与)	不明	なし	動くように	寝てる	寝てる	寝てる	○	×	×	週一回
車イス	なし	なし	なし	テレビをみる	テレビをみる風呂に入る	テレビをみる	○	○	○	週三回以上
なし	なし	なし	食事, 入浴は2階から1階へ下りる	食事, お茶, テレビ	→ ″	風呂, 食事, 就寝	×	エプロン×		週三回以上
なし	なし	手すり	なし	食事, 寝る, 坐る	→ ″	→ ″	×	×	○	不明

　ないし介助がみられる。寝返りの不能が1ケースみられる。立ち上がる，ないし，歩く介助をしているのは3ケース，便器利用が2ケース，オムツが1ケース，着換え介助が4ケース，浴槽の出入りおよび身体を洗うは7ケースでほとんどのケースで介助が必要となっている。

　自助具や購入備品の品目は，前段階と比べて，杖が少なくなり，車イスが増える。だがポータブルトイレは2ケース，医療用ベッド1ケースである。この

ようにポータブルトイレや医療用ベッドの利用は第三段階と比べて増加しないし，多くもない。

自立生活のための工夫は「動くように」することが考えられている。工夫について，ともあれ何らかの回答をしたのは3ケースだけであった。

次に，老人の生活をみると，老人の1日の行動は，前の段階とかなり異なる様相を示している。時間のきまりを持って生活している様子が明確にわかるのはNo.5だけである。

他のケースは答え方が，大雑把で，寝ているのか起きているのかも判明しないような回答の仕方であり，テレビをみて，1日をすごしているものがもっとも多いふうである。

それでも，散歩は，比較的されていて，8ケース中4ケースである。買物は1ケースだけ，普段着に着替えるものは4ケースである。入浴は，週3回以上のものは3ケースと減り，週1回が2ケース，入浴しないが1ケースみられるようになる。

3）「5．寝たり起きたり」の場合

「5．寝たり起きたり」のケースについて，一覧表にすると表4－15の通りである。全部で12ケースである。

老人のみ世帯が4ケース，既婚の子供と同居の世帯が4ケース，未婚の子供と同居の世帯が4ケースである。平均年齢は80.5歳であり，80歳未満が5ケース，80歳以上が7ケースと，80歳以上のケースが多くなる。

現在の身体的能力は，屋外歩行可能が2ケース，屋内歩行可能が7ケース，ベッド上起坐可能が3ケースである。「4．起きてはいるがあまり動かない」と比べて，あまり違いがなく，屋内歩行可能のものが中心である。屋外歩行可能から，ベッド上起坐まで，幅広く含まれている点が注目される。屋外歩行可能の2ケースはNo.1とNo.7であるが，No.1は，歯医者に出かけるというように外出する日もあれば，終日寝てる日もある。身体的能力としては外出可能だけれ

ども，日常生活範囲としては，寝てる日もあるといった内容の「寝たり起きたり」である。№8は，十分なリハビリや介助によって，屋外歩行可能となっているが，身体の具合の悪い日は寝ているということである。

「5．寝たり起きたり」では，ベッド上起坐可能がもっと多くなると予想したが，そうではなかった。ボケは中度あるいは重度のものが4ケースみられる。

そこで，次に，不可能動作と介助をみると，寝返りができないケースはない。立ち上がりや歩くことができない，または介助しているケースは，12ケース中6ケースである。食べる介助が1ケース，便器利用やオムツ利用が6ケース，着替えが3ケース，浴槽の出入りおよび身体を洗うは7ケースである。

以上を第四段階と比べると，立ち上がりや歩くことの介助と，便器利用やオムツの利用のケースが，それぞれ6ケースで，全体の半数を示すように増加しており，上にみた身体的能力ではかわりがないようであったが，それは「歩行」を中心とした大雑把な身体機能の評価で捉えた結果であって，不可能動作及び介助の必要を多面的にみていくと，やはり，第5段階の「寝たり起きたり」の方が，生活上の障害が増大してきているといえる。

とはいえ，全く不可能動作や介助がないケースや少ないケースも，№1，№3，№5，№9，№10と5ケースみられる。

次に，自助具や購入備品は，杖，ポータブルトイレ，電動ベッド等である。もっとも多いのは，杖とポータブルトイレであり，各4ケースずつである。第四段階で多くみられた車イスは，1ケースしかない。ポータブルトイレがもっとも用いられている自助具といえるが，上記したように4ケースであり3分の1の世帯で用いられているにすぎない。

家の改造は，手すりの取りつけであり，2ケースである。

自立生活のための工夫は，3ケースが回答しているが，№1は，自分の事は自分でするとこたえ，№4は手すりをつけたことと答えている。このケースは，リハビリとして歩行訓練をきちんと行っている。№8は，自分で食べること，手足のマッサージ，散歩が自立の工夫としてあげられており，一方で十分な介

表4−15 病弱化と介護・生活の変化（その3）

No.	世帯類型と年齢	a 身体的能力				b 介護 不可能動作(○印)と介護(△印)								
		退院時の身体的能力	現在の身体的能力	ボケの有無と程度	退院後のリハビリテーション	寝返り	立ち上がる	歩く	食べる	便器使用	オムツ	着る	浴槽出入り	身体を洗う
1	1−77	3 ベッド上起坐	1 屋外歩行可	なし	腰痛体操									
2	2−70	2 屋内歩行可	2 屋内歩行可	中度 自分の家がわからない	なし								△	△
3	2−80	2 屋内歩行可	2 屋内歩行可	なし	なし									
4	2−81	4 全介助	2 屋内歩行可	なし	市のリハビリ機械などを使う歩行訓練	△	△	△	△				○△	○△	○△
5	2−86	3 ベッド上起坐	2 屋内歩行可	なし	なし									
6	4−94	4 全介助	3 ベッド上起坐	なし	なし	○△	○			△	△		○	○
7	5−74	2 屋内歩行可	2 屋内歩行可	中度, 失禁	なし					△			○△	○△	○△
8	5−82	3 ベッド上起坐	1 屋外歩行可	なし	マッサージ 家の中を5回歩く	△	△			○△		○△	○△	○△
9	6−73	2 屋内歩行可	2 屋内歩行可	なし	なし					○△				
10	6−81	2 屋内歩行可	2 屋内歩行可	なし	なし									
11	7−89	3 ベッド上起坐	3 ベッド上起坐	中度, 興奮	なし			○△	△				○△	○△
12	7−79	3 ベッド上起坐	3 ベッド上起坐	重度, 失見当 はいかい 興奮	なし	○△	○△		△				○△	○△

「5.寝たり起きたり」の場合　12ケース

	について			c 老人の生活						
自助具	介護備品の購入	家の改造	自立生活のための工夫	調査日前日の一日の行動 午前	午後	夕刻	最近の生活 散歩	買物	普段着をきる	入浴
手押し車(市助成)	なし	なし	自分の事は自分でやる	歯医者(雨の日は寝ている)	裁縫		○	○	○	週三回以上
なし	なし	なし	なし	散歩,寝る	寝る	寝る	介助する○	○	×	不明
なし	なし	なし	なし	寝たり起きたり、テレビを見たり	簡単なそうじ 庭の手入れ	テレビをみて9:30就寝	×	×	×	週一回
杖	スカット	手すり	手すりをつけた	家政婦による体操マッサージ	テレビ	6:00寝る	○	×	○	週三回
なし	なし	なし	なし	不明	不明	不明	不明	×	×	不明
なし	ポータブルトイレ	した	なし	寝ている	寝ている	寝ている	×	×	×	月二回
なし	なし	新築時に手すりをつける	なし	ふとんに入ってテレビを見る。食事とトイレは起きる	〃 →	→ 〃	×	×	×	週二回
杖 ポータブルトイレ	ベッド	なし	自分で食事 手足のマッサージ散歩	具合が悪かったので,寝ていた	→ 〃	→ 〃	○	×	×	不明
なし	ポータブルトイレ	なし	なし	テレビ 5,6回トイレに起きる			○	×	×	入浴していない
なし	なし	なし	なし	新聞,テレビ	寝ている	寝ている	×	要介助○	×	月一回
おまる	杖 ポータブルトイレ	なし	なし	テレビ 近所の人と話す	〃 →	→ 〃	×	×	×	月二回
電動ベッド 杖 車イス	電動ベッド,車イス,ポータブルトイレ	なし	なし	寝たり起きたり→	〃	寝ている	×	×	×	週二回

助をうけながら，他方でより自立できるように工夫がなされている。

老人の1日の生活は，前の段階4．とあまりかわりはない。No.1, No.3, No.4には，生活のメリハリがみられるが，他は，たいてい寝ていて，テレビをみているという状況である。

最近の生活では，散歩をするものは12ケース中5ケース，買物をするものは3ケース，普段着をきるものは2ケースである。入浴をみると，前の段階よりも回数がさらに減少しているといえる。週3回以上は2ケースだけで，週2回が2ケース，週1回が1ケース，月2回が2ケース，月1回が1ケース，入浴してないが1ケース，あと3ケースは不明である。このように，入浴回数のバラツキが大きくなる点が特徴的である。

4）「6．寝たきり」の場合

最後に「6．寝たきり」の場合についてみることにする。同じく一覧表をあげると表4－16の通りである。ケース数は全部で8ケースである。

世帯類型は，4．および5．の既婚の子どもと同居が8ケース中6ケースで，あとの2ケースが6の未婚の子どもと同居である。老人のみのケースはなかった。

平均年齢は，84.3歳と高くなる。80歳未満は，1ケースだけで，あとの7ケースは80歳以上である。

現在の身体的能力は，屋内歩行可能が1ケース，ベッド上起坐可能が2ケース，全部介助必要が5ケースである。あわせて，ボケの症状が半分のケースにみられる。

不可能動作は，それ以前の段階と比べて，著しく多くなっている。屋内歩行可能なNo.3とベッド上起坐可能のNo.2を除いて，他のケースは，ほとんどの動作が不可能となっている。しかし，寝返りができないケースは，2ケースと少なく，食べることも自分でできるケースが多い。オムツを利用しているケースは8ケース中5ケースである。オムツ利用者の多いことがこの寝たきりの特徴

であろう。

　不可能動作と介助の関係は，これまでの表からわかるように，不可能動作がイコール介助されている事柄とは限らない。○印がついているのに△印がなかったり，○印がないのに△印がついていたりする。前者は，不可能動作が介助されていないということであり，後者は，やれば老人自身でできるのに介助しているということである。この「寝たきり」段階では，不可能動作が増加し，多方面にわたるようになるが，それに対して介助が，必ずしも対応していないケースがみられる。そのもっとも典型的なケースがNo.8であり，不可能動作は6個あるが，介助は，オムツだけで1個である。「寝たきり」という状態は，いわゆる下の世話や入浴介助等の点でいうまでもなく大変であるが，やるとすれば大変であるが，放置することもできるということにもなるようである。「6.寝たきり」8ケース全体で○の数は41個に対して，△の数は35個である。

　次に，自助具や購入備品をみると，車イス3ケース，ポータブルトイレ2ケース，ベッド3ケース等である。家の改造は，手すりが2ケース，ひさしを寝ている老人に直射日光があたらないようにするため取りつけたというのが1ケース，ブザーをとりつけたがとりはずしたというのが1ケースである。

　老人の1日の生活は，文字通り寝ていて，テレビをみたり，ラジオをきいたり，外をながめていたり，ボーッとしていたりである。最近の生活で○印がついているのは，散歩が1ケース，普段着に着替えるが1ケース，それだけである。

　入浴は，週3回以上が1ケース，週2回が1ケース，週1回が1ケース，月2回が1ケース，入浴せずが1ケース，そして不明が2ケースだが，おそらく，そのうちのNo.8のケースは入浴しないと思われる。

5）まとめ

　さて，以上，生活行動範囲の低下の段階別に，第一に身体的能力，第二に不可能動作と介護の状況，および自助具や家の改造の状況，第三に老人の日常生

表4-16 病弱化と介護・生活の変化

No.	世帯類型と年齢	a 身体的能力				b 介護 不可能動作(○印)と介護(△印)								
		退院時の身体的能力	現在の身体的能力	ボケの有無と程度	退院後のリハビリテーション	寝返り	立ち上がる	歩く	食べる	便器使用	オムツ	着る	浴槽出入り	身体を洗う
1	4-85	4 全介助	4 全介助	重度 失見当失禁	なし	○△	○△	○△		○△	△	○△	○	○△
2	4-85	3 ベッド上起坐	3 ベッド上起坐	中度	なし				△				○△	○
3	4-85	2 屋内歩行可	2 屋内歩行可	軽度	なし					○△				
4	4-86	4 全介助	3 ベッド上起坐	なし	なし	○	○			○△			○△ 入浴せず	
5	4-89	4 全介助	4 全介助	なし	あり 保健婦による	○△	○△			○△		○△	○△	○△
6	5-74	4 全介助	4 全介助	なし	あり 保健婦による健康体操	○△	○△	○△	○△	○	△	○△	○△	○△
7	6-83	3 ベッド上	4 全介助	なし	なし	○	○△			○△	△	○△	○△	○△
8	6-87	4 全介助	4 全介助	中度	なし	○	○			○	△	○		

活の有様について，順次みてきたのであるが，以上から次の諸点を指摘できる。

第一に，日常生活行動範囲は，身体的能力と，ほぼ，相関していることである。一定の身体的能力が一定の日常生活行動範囲を規定することは，一般に当然のことのように受けとめられているだろう。調査の結果は，その社会通年の通りに，生活行動範囲がせばまっている者は，身体的能力の低下している者であったということである。

第二に，介護の状況は，中には積極的な介護やリハビリテーションの働きかけがみられるものの，大方のケースは，身体的能力の低下をそのまま受けとめ

第4章 在宅病弱老人の生活実態　145

(その4)「6.寝たきり」 8ケース

について				c 老人の生活						
自助具	介護備品の購入	家の改造	自立生活のための工夫	調査日前日の一日の行動			最近の生活			
				午前	午後	夕刻	散歩	買物	普段着をきる	入浴
車イス	車イス	なし	なし	寝たきり	3:00入浴	寝る	×	×	×	週一回
杖車イス	ポータブルトイレ	ブザーをつけたが取りはずす	食堂まで1人で歩かせる	寝たきり	寝たきり	寝たきり	×	×	×	週一回
杖車イス	ポータブルトイレ	老人部屋にひさしをつける	なし	不明	不明	不明	×	×	×	週二回
なし	なし	なし	なし	テレビ	テレビ	テレビ	×	×	○	入浴せず
ベッド(市から借用)	ゴム便器	手すり	極力自分でスプーンで食べるテレビリモコン	ラジオ	ラジオ	テレビ	×	×	×	週三回
なし	なし	手すり	なし	テレビをみている	外をみるなど	寝る	○	×	×	月二回
ベッド(フランスベッドから借りる)	なし	なし	なし	寝ていてテレビをみる	寝ていた	寝ていた	×	×	×	不明
なし	ベッドヒーター	なし	なし	テレビをみてボーと寝ている	→ 〃	→ 〃	×	×	×	不明

て，食べることや，便器やオムツの利用や，身体を清潔に保つことなど，つまり，生命を維持し，ある程度身体の衛生状態を保つために最低限必要なものになっているということである。前掲の一覧表によれば，五個以上の動作介助がなされていたのは，「3．家の中で普通に動いている」で1ケース，「4．起きてはいるが動かない」で1ケース，「5．寝たり起きたり」で3ケース，「6．寝たきり」で4ケース，合計9ケースである。それは全ケースの20.9％にあたる。介助の個数の多寡で介助内容の十分さを計測することは，適切でないかもしれないが，ともあれ，病弱老人の世話にそれほど手数がかけられていないと

表4-17 最近の生活

		お盆の墓まいり	訪問客の有無	友人・知人を訪ねる	散歩	プレゼントの贈答	自分で自分の買物をするか	普段着に着がえるか
3.家の中で普通に (14ケース)	する(有)	7	8	2	8	11	4	12
	しない(無)	7	6	12	6	3	10	2
	不明	0	0	0	0	0	0	0
4.起きているが働かない (9ケース)	する(有)	2	2	0	4	7	1	4
	しない(無)	6	6	8	4	1	7	4
	不明	1	1	1	1	1	1	1
5.寝たり起きたり (14ケース)	する(有)	2	5	2	5	8	2	2
	しない(無)	9	6	9	6	4	9	10
	不明	1	1	1	1	1	0	0
6.寝たきり (14ケース)	する(有)	2	0	0	0	5	0	1
	しない(無)	6	8	8	8	3	8	7
	不明	0	0	0	0	0	0	0
7.痴呆 (14ケース)	する(有)	2	4	2	6	4	5	6
	しない(無)	4	3	5	1	3	2	1
	不明	0	0	0	0	0	0	0
計	する(有)	16	19	6	23	34	13	25
	しない(無)	32	28	41	25	13	35	24
	不明	2	3	3	3	3	2	1

いうことはいえそうである。また，自助具の種類は，杖，車イス，ポータブルトイレ，ベッド等であり，それらの保有も十分とはいいがたいし，車イスは10ケースが保有していたものの，それが実際に使用されている風ではない。

　第三に，老人の生活の状態は，第三段階までは，通常の生活に近いものだったが，第四，第五になると，急激に生活のひろがりや活動性がなくなり，散歩以外では家にとじこもり，寝て，テレビをボーッとみていることが多くなる。そのような状況から，「寝たきり」へ移行していくのは当然のことであろう。

　最近の生活について，一覧表にあげている以外の項目の質問も実施したので，その結果表を付しておくことにする。表4-17の通りである。

5．介護者について

 次に，介護者についてみていくことにしたい。介護は，日本の現状で同居の家族を中心に，家族によって担われていると思われるが，前節と同じく，生活行動範囲の段階の低下につれて，介護者の状況がどのように変化するか一覧表によってみていくことにする。

1）「3．家の中で普通に動いている」場合

 「家の中で普通に動いている」場合の介護者の状況は，表4－18の通りである。一覧表のケースの並べ方の順序は，前節と同じで，世帯類型別，本人の年齢の若いもの順に並べたものである。表頭に取りあげた事項は，まず家族の構成員で，老人本人を中心にした続柄と年齢を記している。つぎが家族人数，そして，現在の身体的能力である。以上を前提として介護者についてみることにしているが，第一に同居で主に介護にあたっているものの続柄と年齢，仕事に就いているかどうか，第二に，同居家族の中で，介護を手伝っている人についてその続柄と年齢，第三に，同居者以外で，まず親族で介護にあたっているものの続柄，さらに親族以外で介護に関わっているものについて記している。最後は備考欄である。

 表から特徴をあげていくことにすると，同居で介護を主にする人があるケースは，14ケース中4ケースであり，同居で手伝っている者があるのは2ケースである。主に介護にあたっている者の特徴は，4ケースでしかないので，一般的傾向として捉えてよいかどうか問題であるが，4ケース中3ケースは配偶者であり，それらの人々の年齢は高く，70歳から81歳である。1ケースだけが，長男の妻である。同居で手伝うもののいる2ケースは，孫の妻と次男の妻である。このように老人の配偶者がいる場合には，この第三段階では配偶者が主に介護する人であり，同居の子供の妻は，手伝う立場にある。

 この第三段階では，同居者以外に介護を手伝う者があるのは，No.12の1ケー

表4−18 介護に従事するもの(その1)

No.	世帯類型	家族の構成員	人数	現在の身体的能力
1	2	本人男78歳+妻72歳	2人	2 屋内歩行可
②	2	本人男80歳+妻70歳	2人	2 屋内歩行可
3	2	本人女85歳+夫89歳	2人	1 屋外歩行可
4	2	本人男88歳+妻86歳	2人	2 屋内歩行可
5	4	本人男76歳+次女40歳+次女の夫40歳+孫男14歳+孫男10歳	5人	2 屋内歩行可
6	4	本人女77歳+息子50歳+息子の妻44歳+孫男23歳+孫女15歳	5人	1 屋外歩行可
⑦	4	本人女78歳+長男56歳+長男の妻53歳+孫女23歳+孫男27歳+孫の妻27歳+曽孫3歳+曽孫1ヶ月	8人	2 屋内歩行可
8	4	本人女80歳+長男50歳+長男の妻44歳	3人	2 屋内歩行可
9	4	本人女80歳+長男52歳+長男の妻45歳+孫22歳+孫19歳(留学中)	5人	1 屋外歩行可
⑩	5	本人女72歳+夫73歳+次男45歳+次男の妻45歳+孫女19歳+孫女16歳	6人	2 屋内歩行可
11	5	本人男74歳+妻67歳+息子35歳+息子の妻32歳+三男31歳+孫女8歳+孫男4歳	7人	2 屋内歩行可
⑫	5	本人女79歳+夫81歳+長男46歳+長男の妻47歳+孫男18歳+孫男15歳+孫女10歳	8人	2 屋内歩行可
13	7	本人男70歳+妻65歳+長男37歳	3人	1 屋外歩行可
14	8	本人女75歳+長女55歳+孫女28歳+孫女24歳	4人	2 屋内歩行可
			平均 4.4人	

注) No.を〇で囲ったケースは,老人の介護が必要と回答したケース。

「3．家の中で普通に動いている」

同居で介護を主にする人			同居で手伝う人		同居以外で手伝う人		備考
続柄	年齢	仕事の有無	続柄	年齢	親族	その他	
なし	—	—	なし	—	なし	なし	
妻	70歳	なし	なし	—	なし	なし	
なし	—	—	なし	—	なし	なし	
なし	—	—	なし	—	なし	なし	
なし	—	—	なし	—	なし	なし	
なし	—	—	なし	—	なし	なし	
長男の妻	53歳	なし	孫の妻	27歳	なし	なし	一人暮らしから同居へ。一人暮らしの時飲酒
なし	—	—	なし	—	なし	なし	同居の子供が変化
なし	—	—	なし	—	なし	なし	老人と長男の妻と不和
夫	73歳	なし	次男の妻	45歳	なし	なし	有料老人ホームの紹介を希望
なし	—	—	なし	—	なし	なし	
夫	81歳	なし	なし	—	長女（夫の姉）	なし	主として外出の介助
なし	—	—	なし	—	なし	なし	
なし	—	—	なし	—	なし	なし	入院中は長女が介護

表4－19　介護に従事するもの（その2）

No.	世帯類型	家族の構成員	人数	現在の身体的能力
①	2	本人女71歳＋夫	2人	不明
2	4	本人男68歳＋長男39歳＋長男妻36歳＋孫女12歳＋孫男6歳	5人	2 屋内歩行可
③	4	本人女79歳＋次男＋次男の妻＋孫女16歳＋孫女13歳＋孫男11歳	6人	2 屋内歩行可
④	4	本人女79歳＋長男45歳＋長男の妻44歳＋孫女10歳＋孫女5歳	5人	3 ベッド上起坐
⑤	4	本人女81歳＋長男＋長男の妻	3人	2 屋内歩行可
⑥	7	本人男70歳＋妻65歳＋娘39歳	3人	2 屋内歩行可
⑦	8	本人女79歳＋長男41歳＋四女45歳＋孫（四女の長男）7歳	4人	3 ベッド上起坐
8	8	本人女85歳＋二女56歳＋孫女34歳＋孫の夫34歳＋曽孫男7歳＋曽孫5歳	6人	2 屋内歩行可
9	9	本人男85歳＋妻77歳＋三女40歳＋孫男14歳＋孫男11歳	5人	2 屋内歩行可
			平均 4.3人	

注）No.を○で囲ったケースは，老人の介護が必要と回答したケース。

スだけであり，長女が手伝っている。親族以外では，介護にかかわるものはみられない。

　備考欄は，介護者に関連することがらとして，老人の病変を契機とした同居世帯の変化を中心に記しているが，No.7とNo.8において世帯の変化がみられる。No.7は，一人暮らしをしていた母親が，飲酒するようになったので，同居することにしたという。No.8については，くわしい聞きとりを行っていない。No.9は，土地，家屋を長男に相続させるという約束のもとに同居を開始したという

「4.起きてはいるがあまり動かない」

同居で介護を主にする人			同居で手伝う人		同居以外で手伝う人		備　考
続　柄	年齢	仕事の有無	続　柄	年齢	親　族	その他	
夫	不明	なし	なし	なし	なし	不　明	夫もゼンソクで入院する等十分な体力でない
な　し	—	—	な　し	—	な　し	な　し	
次男の妻	不明	なし	な　し	—	な　し	な　し	
長　男 長男の妻	45歳 44歳	有 なし	な　し	—	な　し	な　し	老人のみ世帯から同居へ
家政婦	不明	—	な　し	—	な　し	な　し	
妻	65歳	なし	娘	39歳	な　し	な　し	
四　女	45歳	なし	な　し	—	な　し	な　し	同居の子供世帯がかわる
な　し	—	—	な　し	—	な　し	な　し	
な　し	—	—	な　し	—	な　し	な　し	

ことであるが，長男の妻との関係がうまくいっておらず，そのため，毎朝長男夫婦が仕事に出掛けた後に起き，自分にかかわる食事，せんたく，そうじ等家事は，身体がきつくとも自分でし，経済的にも独立しているという。また，No.10は，目下，有料老人ホームへの入居を検討しているということである。

2)「4．起きてはいるがあまり動かない」場合

「4．起きてはいるがあまり動かない」場合は，表4－2の通りである。同

表4-20 介護に従事する者

No.	世帯類型	家族の構成員	人数	現在の身体的能力
1	1	本人女77歳	1人	1 屋外歩行可
②	2	本人男70歳+妻66歳	2人	2 屋内歩行可
③	2	本人男80歳+妻79歳(入院中)	2人	2 屋内歩行可
④	2	本人男81歳+妻70歳	2人	2 屋内歩行可
5	2	本人男36歳+妻	2人	2 屋内歩行可
⑥	4	本人女94歳+長男62歳+長男の妻59歳	3人	3 ベッド上起坐
⑦	5	本人男74歳+妻66歳+長女40歳+長男37歳+長男の妻+孫6歳+孫2歳	7人	2 屋内歩行可
⑧	5	本人女83歳+夫83歳+長男57歳+長男の妻52歳	4人	1 屋外歩行可
⑨	6	本人女73歳+息子37歳	2人	2 屋内歩行可
10	6	本人男81歳+長女50歳	2人	2 屋内歩行可
⑪	7	本人女89歳+娘59歳+孫女33歳+孫女31歳+孫女27歳	5人	3 ベッド上起坐
⑫	7	本人女80歳+夫81歳+長男53歳+長女55歳	4人	3 ベッド上起坐
			平均3.0人	

居で介護をする人がいるケースは，9ケース中6ケースと，第三段階と比べて増加する。主に介護する人の性格も変化しており，配偶者が介護しているのは，2ケースで，子供や，息子の妻が介護しているのが3ケースである。No.4は長

(その3)　「5.寝たり起きたり」

同居で介護を主にする人			同居で手伝う人		同居以外で手伝う人		備　考
続　柄	年齢	仕事の有無	続　柄	年齢	親　族	そ　の　他	
な　し	—	—	な　し	—	長　男	な　し	
妻	66歳	な　し	な　し	—	な　し	な　し	
な　し	—	—	な　し	—	な　し	ヘルパー，近所の人，病院の妻には付添婦	
な　し	—	—	妻	70歳	娘，息子週1回	家政婦毎日9〜14時保健婦	
な　し	—	—	な　し	—	な　し	な　し	
長男の妻	59歳	あ　り（農業）	な　し	—	な　し	な　し	
妻	66歳	な　し	長男の妻	38歳	な　し	な　し	
長男の妻	52歳	な　し	な　し	—	な　し	な　し	
息　子	37歳	な　し	な　し	—	長　女ときどき	な　し	
な　し	—	—	な　し	—	な　し	な　し	長女精神分裂通院中
娘	59歳	な　し	孫3人	33歳31歳27歳	長男の妻	な　し	入院する前から娘と同居
長　男	53歳	な　し（病弱）	長　女	55歳	次　女	な　し	

男と長男の妻が，どちらが主従ということでなく，共同しているという。家族以外のものが，住込みで介護しているケースが1ケースみられる。それは，No.5 である。長男夫婦も同居しているが，介護は家政婦に全面的に委ねている。

同居で手伝うものがいるケースは，No.6の1ケースだけで，娘が手伝っている。

同居以外で手伝っている者は，親族も，その他についてもみられない。

備考欄をみると，家族構成が変化したケースが，No.4とNo.7の2ケースみられる。またNo.1は，配偶者である夫が介護しているものの，夫も十分な身体状態ではないようである。

3）「5．寝たり起きたり」の場合

ついで，「5．寝たり起きたり」について，みることにすると表4－20の通りである。同居で主に介護をする人がいるケースは，12ケース中7ケースである。この割合は，第四段階とあまり変りがないが，同居で介護を手伝う人がいるケースが4ケース，同居以外で介護に関わる人がいるケースが6ケースみられ，介護の陣容は厚くなっている。

介護を主にしている人の7ケースについて，その続柄をみると，配偶者が2ケース，息子や娘が3ケース，息子の妻が2ケースである。

同居で介護を手伝う人は，妻が1ケース，長男の妻が1ケース，長女が1ケース，長男の妻が1ケースである。No.6は，妻が主に介護する人で，長男の妻は手伝う方である。

同居以外で介護にかかわる親族は，娘や息子達で，長男の妻が1ケースである。その頻度は「ときどき」とか「週1回」とかいうことのようである。

「その他」では，No.3のケースに，ヘルパーが訪問し，No.4には，家政婦が毎日9時から14時まできており，加えて，保健婦の訪問がある。このように，ヘルパーや保健婦のかかわりがでてくるのはこの段階からであるが，2ケースと少ない。

備考欄によると，家族構成に変化が生じたケースが2ケースみられる。1ケースは，No.8で，かなりの資産家であるが，老人に介護が必要となった時息子がちょうど結婚している。もう1ケースはNo.11で，入院や退院がきっかけでは

ないが，しばらく前から同居するようになっている。

　この段階のケースには，問題ケースが，いくつかみられることに注目する必要がある。№3は夫婦世帯であるが，目下妻は入院中で，付添婦に介護されており，在宅の夫は腰痛のため，外出ができず，近隣の人々に助けられているというが，妻の病院の付添婦への支払いのお金は，家の前の酒屋さんに銀行から引き出して届けてもらっている。野菜は八百屋さんに電話してもってきてもらっている。買物等は隣家の人が手伝ってくれるし，夕食のおかずの差し入れ等があるし，妻の症状の心配があるだろうといって車をまわしてくれることもあるという話である。

　また，№10は同居の長女は精神分裂症のため通院中であり，長女の方がむしろ老人に支えられている。さらに，№12は，長男が老人の介助をしているが，長男は身体が弱く，通常の外勤の仕事ができないため，無職で家にいるものである。

4）「6．寝たきり」の場合

　「6．寝たきり」の場合は，表4－21の通りである。すべてのケースに，同居で介護する人がいる。その介護をする人は，息子や娘，あるいは，息子の配偶者である。老人本人の配偶者はみられない。介護の内容がよりハードな内容だからであろう。しかし，長女とか長男とかいっても，老人本人が高齢なため，子供もそれなりの年齢であり，№8の長女は67歳，№7の長男は62歳である。仕事の有無をみると2ケースが有業であるが，うち1ケースは農業であり，時間の融通はつけやすいであろう。男性の介護者は，定年退職したものであり，そのため無職であって，介護者になれる。また，老人を風呂に入れる等の介助は，力仕事であり，男性の力が必要である。

　同居で介護を手伝う人は，8ケース中4ケースにみられる。ここでも男性二人が登場している。

　同居者以外で介護にかかわっている者は，親族では，8ケース中4ケースに

表4—21 介護に従事する者

No.	世帯類型	家族の構成員	人数	現在の身体的能力
①	4	本人男85歳＋長男58歳＋長男の妻56歳＋孫男20歳	4人	4 全介助必要
②	4	本人女85歳＋長男58歳＋長男の妻43歳＋孫8歳＋次男53歳	5人	4 全介助必要
③	4	本人女85歳＋長男44歳＋長男の妻42歳＋孫女18歳	4人	2 室内歩行可
④	4	本人女86歳＋三男＋三男の妻＋孫女15歳＋孫女11歳	5人	3 ベッド上起坐
⑤	4	本人女89歳＋長男59歳＋長男の妻56歳＋孫女27歳	4人	4 全介助必要
⑥	5	本人女74歳＋夫76歳＋長男48歳＋長男の妻48歳＋孫女20歳＋孫女17歳＋次男38歳＋長女36歳	8人	4 全介助必要
⑦	6	本人女84歳＋長男62歳	2人	4 全介助必要
⑧	6	本人女87歳＋長女67歳	2人	4 全介助必要
			平均4.3人	

注) No.に○印をつけたケースは介護必要と回答したケース

みられる。さらに，この「寝たきり」のものに対しては，ヘルパー，保健婦，医者，看護婦等がかかわっているケースが8ケース中7ケースを占めている。第五段階でも，かかわっているケースがみられたが，この第六段階では顕著になる。

　この段階のものにも，多問題ケースがみられる。No.2のケースでは，次男58歳が障害者である。No.8のケースも，障害3級の67歳の長女が母の介護者である。

（その4）「6.寝たきり」

同居で介護を主にする人			同居で手伝う人		同居以外で手伝う人		備　　考
続　柄	年齢	仕事の有無	続　柄	年齢	親　族	その他	
長　男	58歳	な　し	長男の妻	56歳	次男の妻	な　　し	
長男の妻	43歳	な　し	長　男	58歳	な　し	ヘルパー	次男障害者
長男の妻	42歳	な　し	な　し	―	な　し	ヘルパー	
三男の妻	不明	な　し	な　し	―	な　し	ヘルパー	短期入所利用
長男の妻	56歳	あ　り（農業）	長　男	59歳	孫　女		保健婦短期入所利用
長　女	36歳	あ　り	長男の妻	48歳	な　し	ヘルパー月1回保健婦	
長　男	62歳	な　し	な　し	―	三女四女	月1回医師2～3回看護婦	
長　女	67歳	な　し障害3級	な　し	―	次　女	医師，看護婦の応診週1回	長男世帯から長女世帯へ長男から経済的援助有

5）ま　と　め

　以上から，次のことが指摘できるであろう。第一は在宅病弱老人の介護は，ほとんどのケースが家族，それも同居家族が主力であることである。家政婦を雇用しているケースが2ケース，近隣の人びとに助けられているケースが1ケースあったが，両者あわせて3ケースであり，それらは特別のケースで例外的ケースといえる。ヘルパーがきているのは5ケースである。

　第二は，生活行動範囲の段階の低下につれて，介護人数や構成がかわっていくことである。「寝たり起きたり」「寝たきり」になると介護者が2人は欲しいところであろう。だが，2人以上の同居の介護者が世帯内に確保できているケ

表4-22　介護者の続柄（家族に限る）

続柄	同居で主にしているもの		同居で手伝っている者	
	人数	%	人数	%
妻	5	19.2	1	10.0
夫	3	11.5	0	0
息子の妻	9	34.6	3	30.0
息子	5	19.2	3	30.0
娘	4	15.4	2	20.0
孫			1	10.0
計	26	100.0	10	100.0

注）手伝っている者については，不明2ケースを除く。

ースは，21ケース中7ケースであった。同居者以外で介護する者をヘルパーも含めて0.5人とカウントし，1.5人以上必要という基準を仮に設けることとすると，21ケース中13ケースがクリアーすることになる。これまでみてきたところでは，1.5人や2人どころではなく，介助が必要なのに1人もいないケースや，病弱老人が1人だけでなく，同時に複数の病弱老人がいるケースや精神障害者，身体障害者を含む世帯すらみられた。

また，老人の方がより，介護力のあるところへの移動を余儀なくされている点も，同時に指摘できる点である。

第三に，介護者は，長男の妻，いわゆる「嫁」であるとは限らないことである。男であれ，女であれ，配偶者が第一の介護者であり，「嫁」よりも，娘の方が主たる介護者になっているケースがみられた。主たる介護者について老人を中心とした続柄は，表4-22の通りであった。「嫁」は，3分の1でしかない。

6. 家族介護の意味 ── 寝たきりの必然性

以上，在宅で身体状況が低下したとき，どのような介護を受け，どのような生活内容であるかをみてきた。以上に述べてきたことと重複するが，段階ごとにバラバラにみてきたので，流れとしての意味をまとめとして述べることにし

たい。

　要介護老人の生活のあり方の特徴として，何よりも指摘できる点は，行動半径の狭さにある。そのことは「3．家の中で普通に動いている」時から始まるといえる。家に中で普通に動いているとは，普段着に着替え，居間でテレビを見たり，庭の草むしりをしたり，新聞や本を読んだり，疲れたらちょっと横になったりである。散歩には出かける。時間のメリハリはあり，きちんとした生活である。一見したところ問題はないようにみえるだろう。だが，身体能力としては屋外歩行が可能である人でも屋内か，せいぜい近所を散歩するに過ぎない。人間関係も家族内に限られがちである。退院時の能力としては屋外歩行可能であった者も徐々に屋内しか動けないように変わっていくことになる。同居家族への遠慮や近隣に友達といえる者がいない。友人を呼ぶことも行くことも遠慮する。地方から出てきて同居するようになったものは地理に不案内でポストの場所すらわからない。交通量が多いからといって，あるいは転ぶと危ないので外出するなと子供からいわれる等々，以上は面接時に聞いた事柄である。同居している老人は，ある時から，ちんまりと生きることになるようである。老人の大方がちんまりと，世話される者としての分をわきまえて生きなければならない。ちんまりとした生き方の先に「5．寝たり起きたり」がある。さらにその先に「6．寝たきり」がある。

　そこで，再度，前掲表4-15によりながら「寝たり起きたり」に注目することにしたい。「寝たり起きたり」とはADLつまり日常生活の範囲のことである。その基となるのは身体能力であるが，全く一致しているわけではない。室内歩行可のものが12ケース中9ケースである。ベッド上座位保持可が3ケースである。室内歩行可の者が起きて歩くことに不思議はない。むしろ，寝るのはなぜかである。ベッド上座位保持可のものは車イスか，介添してもらうか，抱きかかえてもらうかでなければ食堂や風呂に移動できない。不十分な身体能力に加えて中度以上の痴呆があるものが4ケースである。このような，身体能力の者の不可能動作（〇印）と介護（△印）の関係をみたが，〇印のついた不可能動

作はさほど多くはない。「浴槽の出入り」「身体を洗う」ができない者が多いが、それ以外では「立ち上がる」「歩く」にいくらか○印がついているくらいである。○印がないのに△印がついているのは出来ることまで介護しているということであるが、△印の方が多いケースは3ケースだけみられた。これらのケースはリハビリにも熱心で良く介護している。1ケースは家政婦が介護している。1ケースは既婚子との同居世帯で家族内に十分な介護力があり、介護に熱心である。もう1ケースは、重度の痴呆で失見当、徘徊、興奮等の問題行動があり、外面的な身体能力の高いことがかえって介護を大変にし、介護せざるをえない。ともあれ、これら3ケースを除くと介護はあまりなされていなかった。自助具や介護備品は、杖、車イス、ポータブルトイレ、ベッドである。車イスは市から借りても利用されることは少なく、ほこりを被っていることが多い。自立生活の工夫についての質問に対して回答した者は少ない。

　調査前日に老人がしたことについて訊ねたが、寝ていたとか寝ながらテレビをみていたとか、といった一言での回答が多かった。一日の中で何にも起こらないのである。メリハリのある暮らしといえるのは2ケースしかみられなかった。普段着に着替えるのは2ケース、入浴回数が少なくなることに特に注目したい。不明つまり回答しなかった者が3ケースみられたが、入浴回数が少ないため回答を避けたのであろう。入浴の介助は重労働である。

　このように、在宅介護は、概していえばできる範囲の中でなされているのである。積極的介護はなされていないといえる。とはいえ、それでも大変であり、それしかできないのであるから、外から非難できることではない。だが、その結果として室内歩行可の身体能力がありながら、坐って、あるいは寝ながらテレビを終日みているというか、つけてあるという暮らしになっている。「6．寝たきり」は、身体能力の低下した者ばかりではない。不可能動作は増えるが、それに対応した介護がなされていない。寝たきりにして、オムツをしておく方がむしろ楽だという介護者の話である。何よりも指摘したい点は、「寝たり起きたり」の生活の延長線上に確実に「寝たきり」があることである。

寝たきり，オムツ使用が老人病院や特別養護老人ホームの問題点として指摘されるが，在宅でも同様である。ただ，在宅の場合は，他人の目にはつかないので，わからない。調査をすすめながら在宅とはブラックボックスだと感じたことであった。

第5章　老人病院，特別養護老人ホームにみる介護の社会化

　以上のような在宅の介護と老人病院や特別養護老人ホーム（身体能力が低下しているものが所得に関係なく利用できる）とは，どのような関係にあるのであろうか。介護を担当するホームヘルパーが極端に不足している現状では，社会化しているといえるのは，病院や社会福祉施設であろう。この章では，その人びとの状況を家族を含め捉えることにしたい。

　老人病院は，習志野市内において1ヶ所調査可能であった。入院している患者の担当看護婦の方々および事務職員の方に用意した調査票に記入してもらうという方法をとった。病院が保有する病人本人に関するデータは，病歴に関するもの，入院費支払に関する責任者としての，それから緊急時の連絡先としての家族についてのデータが基本である。今回の調査では，患者の担当看護婦にも協力してもらえたことから，事務局でとらえている以上の個人的情報を提供してもらえた。

　特別養護老人ホーム（以下特養老人ホームという）調査は，入所措置者の調査である。調査時点では習志野市内には養護老人ホームは設置されていたが特別養護老人ホームはなかった。他市との共同の特別養護老人ホームや他の市町村の社会福祉法人のベッドを確保している。それらの諸施設への入所措置者について，これも用意した調査票にケース台帳から転記してもらったものであり，直接面接調査をしたわけではないが，ケース台帳の内容は家族に関する詳細な情報や本人の身体状況について詳しい記述がなされている。看護婦やケースワーカーの専門職の人びとの判断の方がむしろ確かである。だが，知りたいと思うデータが得られないという制約は生じる。特に老人病院の方はデータの種類が少ないし，得られたデータは当該病院の特殊性の影響が大きいかも知れない。調査対象者数は，老人病院の方は人数を示すわけにはいかない。というのは，人数で病院が特定されるかもしれないからである。全数について記入し

表5－1　男女別年齢構成

	老人病院			特養老人ホーム		
	男	女	計	男	女	計
～64歳	4	6	10	3	0	3
65～69歳	4	4	8	0	6	6
70～74歳	3	10	13	5	10	15
75～79歳	8	13	21	6	16	22
80～84歳	5	16	21	10	18	28
85～89歳	4	14	18	3	11	14
90歳以上	2	7	9	2	8	10
計	30	70	100	29	69	98

てもらったが，以下，常にパーセントで表示する。特養老人ホームの方は，これも入所措置者の大方について記入してもらった。回収可能総数は98名である。ほぼ100であるので，パーセントに直してもさほどの違いはなく煩雑なだけなので，以下，こちらは実数でそのまま表示することにする。調査を実施したのは1990年である。医療改革が急速に進められていたときであり，老人病院に関して，いわゆる「社会的入院」がもっとも問題とされていた時期である。

　さて，簡単に調査対象者の一般的性格として性別構成と年齢構成を示しておきたい。表5－1の通りである。男女別構成は，老人病院も特養老人ホームもほぼ同じで，男性3割に女性7割である。年齢構成は，高齢者の中でもさらに高齢な後期高齢層といわれる75歳以上の者が多く，75歳以上が老人病院で69％，特養老人ホームで74ケース，75％である。75歳以上の年齢階級ごとの比率は両者間において大きな違いはみられない。基礎調査の結果と比較検討する際には，したがって，75歳以上の者と比べることにするつもりである。

1．老人病院入院者と特別養護老人ホーム入所者の違い

1）身体状況について

　老人病院について得られたデーターは，上記したように身体状況に関するものと家族に関するものである。これら二つの面について両者を対比し，違いが

表5－2　老人病院入院者のADLと身体状況

〈老人病院〉
入院時のADL　(%)

	歩行	食事	用便(尿)	用便(便)	会話	聴力	理解力
一人で十分できる	6	42	5	6	29	49	24
多少できる	6	12	7	2	25	34	35
介助があればできる	21	35	4	5	19	3	16
できない	59	1	75	68	16	3	13
不明	8	10	9	9	11	11	11
合計	100	100	100	100	100	100	100

入院時の身体状態　(%)

	痴呆	褥瘡	失禁	マヒ	徘徊
なし	35	72	13	55	81
あり	41	21	71	37	7
不明	14	6	16	8	12
合計	100	100	100	100	100

表5－3　特別養護老人ホーム入所者の身体状況

〈特別養護老人ホーム〉
入所時のADL　(実数)

	歩行	食事	排泄	入浴	着脱
一人で出来る	32	67	11	6	9
一部介助	32	29	29	22	49
全介助	34	2	48	70	39
不明	0	0	0	0	0
合計	98	98	98	98	98

入所時の身体状態　(実数)

	臥床	褥瘡	失禁	障害	痴呆	徘徊	火扱い	不潔行為	興奮攻撃
なし	30	90	43	67	35	63	0	0	0
あり	66	8	54	31	63	36	19	15	19
不明	2	0	0	0	0	0	0	0	0
合計	98	98	98	98	98	98	0	0	0

あるかどうかみることにしたい。

　はじめに，ＡＤＬと身体状況についてみることにし，老人病院入院者について示すと表５－２の通りであり，特養老人ホーム入所者の身体状況は表５－３の通りである。ＡＤＬと身体状況に関する指標が老人病院と特養老人ホームで同じものと違うものがある。データーを書き移してもらう元とした内部資料の書き方が異なるので，それにしたがって異なる指標となっている。ＡＤＬに関しては，歩行，食事，排泄は同じであるが，会話，聴力，理解力については老人病院では捉えているが特養老人ホームではない。会話，聴力，理解力は病院の看護にとって必要とされるＡＤＬであろう。それに対して入浴，着脱ができるかどうかは，特養老人ホームの介護にとって重要性があるのであろう。看護として捉えている場面と介護としてとらえている場面の相違といえる。

　さて，歩行，食事，排泄について比較すると，食事は，配膳されたものを自分で食べるということであるが，両者とも「できない」ないし「全介助」のものは非常に少なく，両者の違いはないといえる。歩行と排泄に関しては，老人病院の方が「できない」ものの割合が高い。特に用便は老人病院では７割前後が「できない」ものである。特養老人ホームでは，約半数が「全介助」である。歩行は老人病院の「できない」ものの割合が６割に対して，特養老人ホームは98人中34人が「全介助」である。以上を要約すると，老人病院の方がＡＤＬの重度のものが多く，「寝たきり」の者が多いといえる。だが，老人病院は会話，聴力，理解力の点ではさほど問題がない者が多くを占めている。他方，特養老人ホームの特徴は，歩行の「全介助」，つまり「寝たきり」は３分の１くらいで老人病院よりは少ないが，排泄介助，入浴介助などの要介護度はかなり高い。

　次に，身体状況をみることにし，共通の指標である褥瘡，失禁，痴呆について比較すると，「褥瘡なし」は老人病院の方が７割であり，特養老人ホームは９割である。老人病院の方が褥瘡のある者の割合が高い。両者とも入院時および入所時で調べたものであり，老人病院の者の方が「寝たきり」率は高いとはいえ，それ以前のケアが不十分であったことを窺わせるデータである。次に，

表5－4　入院・入所前の家族構成

		老人病院(%)	特養老人ホーム	基礎調査の「寝たきり」(%)
1	老単身	7	25	0
2	老夫婦	11	14	17.6
3	その他老人のみ	0	0	2.9
	小　計	18	39	20.6
4	老単身＋既婚子	21	33	50.0
5	老夫婦＋既婚子	8	1	17.6
	小　計	29	34	67.6
6	老単身＋未婚子	12	9	5.9
7	老夫婦＋未婚子	8	7	2.9
	小　計	20	16	8.8
8	その他欠損等	10	9	2.9
	不　明	23	0	0
	合　計	100	98	100

「失禁あり」は老人病院の方が7割に対して特養老人ホームは5割である。他方，「痴呆あり」は，老人病院が4割であるのにたいして，特養老人ホームは6割である。失禁があるものは老人病院が多く，痴呆は特養老人ホームに多い。

さらに，痴呆の症状の一つである「徘徊」が老人病院の者は7％であるのにたいして，特養老人ホームは98人中36人つまり37％に徘徊がみられる。徘徊のほかに「火の扱い」，「不潔行為」，「興奮攻撃」などいわゆる問題行動のある痴呆のものが特養老人ホームに多くみられる。老人病院の入所者の特徴が「寝たきり」にあるとすれば，特養老人ホームはさらに介護が大変な問題行動がみられる痴呆の重度のものがより多くみられるということである。

以上，老人病院入院者も特養老人ホーム入所者もADLおよび身体状況は総じてかなり低位であるといえる。「寝たきり」または「痴呆」，さらにそれらの重複のものである。老人病院の方は「寝たきり」で排泄に問題を持つ者が多く，特養老人ホームは，痴呆の問題の重度の者がより多い。問題行動を持つ痴呆のあるものを特養老人ホームが受け入れていることがみてとれる。裏がえせば，そのような者は，老人病院から排除されがちだということである。

2）家族について

　まず，老人が属している家族の構成をみることにしたい。老人病院と特養老人ホームについて示すと表5－4の通りである。老人病院は，患者の家族の状況を完全にはとらえきれていないので，不明ケースが23％もみられる。そのように，不十分な資料ではあるが，それぞれに特徴の相違をとらえることはできる。比較のために，基礎調査からの在宅の「寝たきり」の者について，老人病院や特養老人ホームの入院，入所者に対応すると思われるので，家族構成のデーターを最後欄にあげておいた。

　老人病院と特養老人ホームの違いは，第一に，特養老人ホームの老人のみ世帯の比率が高いこと，なかでも「老単身」の割合が特養老人ホームにおいては，98人中25人と4分の1を占める。第二に老人病院，特養老人ホームともに未婚子との同居世帯の割合が高いこと，したがって，第三に，この点が注目されるところであるが，既婚子との同居世帯の割合が基礎調査の半分程度と少ない。老人病院や特養老人ホームの利用者は，既婚子と同居していたのは3分の1程度でしかない。この点が両者に共通した，在宅で「寝たきり」である者との顕著な違いである。

　次に，同居の者の続柄をみることにすると表5－5のようである。老人病院に関する表の数値を見るとき，常に不明ケースがあることに留意しないといけないが，両者を比較しての違いは，「同居者なし」の割合が老人病院は7％であるのに対して特養老人ホームは25％である。この点は顕著な違いである。だが，類似している面も下記のように多い。

　同居家族員として，男子の子どもがある者は，両者とも4割程度である。さらに，その妻がいるものは両者とも2割でしかない。つまり，男の子どもと同居していても，いわゆる嫁がいるものはその半分でしかない。既婚子との同居世帯は表5－4によると老人病院では29％であった。表5－5では嫁は18＋3で21％である。その差の8％は，女の子どもの既婚者ということになる。特養老人ホームの女の子どもの既婚者は6人である。

表 5 — 5　同居家族員の続柄

	老人病院 (%)	特別養護 老人ホーム
配偶者	27	24
長男	34	28
次男以下	5	14
長女	10	12
次女以下	4	6
長男の妻	18	18
次男以下の妻	3	10
その他	2	9
同居者なし	7	25
不明	21	0
合　計	124	146
ケース合計	100	98
平　均	1.3人	1.2人

　未婚子との同居が多いことを上で指摘したが，同居の子どもが男子の場合，その半分は未婚子であり，老人病院で6％，特養老人ホームで12人が女子の未婚子と同居していた者である。

　1世帯当たりの平均人数を，不明ケースを除いて求めると，老人病院は1.3人で，特養老人ホームは，1.2人である。これは，老人本人を含まない人数であるから，含むと2.3人と2.2人になる。前にみた習志野市の平均よりも小さいが，ひどく小規模であるということではない。

　さらに，別居まで含めて，子どもの有無をみることにすると表5—6の通りである。この表は，同居であれ別居であれ，とにかく子どもがあるのかどうかを見ようとしたものである。子どもありの割合は，老人病院では，75％であるが，不明ケースが23％あるので，子どもなしは1％のみである。老人病院入院者のほとんどに子どもがあるといえる。特養老人ホーム入所者は，先の表5—4でわかる。高齢者のみ世帯が子どもが同居していない世帯ということになる

表5-6 同居・別居を含めた子どもの有無

		老人病院			特養老人ホーム		
		男	女	計	男	女	計
子供あり	長男あり	17	42	59	16	34	50
	長男なく他の男子あり	1	4	5	3	9	12
	男子なく女子あり	2	9	11	5	8	13
	小　計	20	55	75	24	51	75
子供なし		0	1	1	4	11	15
非該当，養子		0	1	1	1	7	8
不　明		10	13	23	0	0	0
合　　計		30	70	100	29	69	98

表5-7 老人病院入院費支払者の続柄
(%)

親	1
夫または妻	17
長男	50
次男以下	8
長女	14
次女以下	6
その他	4
合　計	100

が，39人であった。表5-6によると子どもが全くいないのは15人である。そして，長男がいるものが老人病院で59％，特養老人ホームで50％である。老人病院の不明ケースを除いて長男がいる割合を考えると8割弱の者に長男がいることになる。ちなみに，老人病院の入院費の支払者の続柄をみると表5-7の通りである。長男はちょうど50％，5割である。同居している長男は先の表5-5では34％であった。16％の者が，なぜ同居していなかったのかといったようなことはわからない。何らかの事情があるのだろうと考えるしかない。あるいは，老人病院に入院可能という医療制度の一般的条件が与えられれば，核家

表5－8　特別養護老人ホーム入所者の別居の長男の状況

	続柄	年齢	職業	現住所	備考
老人（男）	長男	27	A青果店員	習志野市	
	長男	46	運転手	千葉市	
	長男	43	無職	八千代市	精神病
	長男	38	自衛隊	青森県	独身
	長男	52	T産業	不明	倒産による行方不明
	長男	41	会社員	不明	
	長男	49	就労	東京	
	長男	55	夫婦で自営	相模原市	
	長男	不明	印刷センター	横浜市	
	長男	不明	不明	不明	
老人（女）	長男	48	不明	ブラジル	行方不明
	長男	41	会社員	藤沢市	
	長男	48	会社員	葛飾区	
	長男	44	会社員	埼玉県	
	長男	42	会社員	八千代市	妻と老人と仲が悪い
	長男	56	不明		行方不明
	長男	50	高校教員	習志野市	
	長男	56	大工	横浜市	
	長男	65	駅売店経営	習志野市	骨折で入院中
	長男	32	運転手	習志野市	独身
	長男	44	無職	各務原市	がん療養中
	長男	54	今年定年退職	札幌市	
	長男	53	不明		行方不明
	長男	54	専門学校教師	藤沢市	

族化志向がストレートに現れるのかもしれない。繰り返しになるがその検証は得られたデーターの範囲では十分に行えない。

　特養老人ホーム入所者の場合の別居の長男について，その状況を一覧表にまとめてみた。それは表5－8の通りである。未婚であるもの，長男の状況がわからないもの，行方不明のもの，精神病やガン等の病気であるものなどが多く，老人と長男の妻と仲が悪いというのもあるが，そのような関係の不和ということよりも，条件としてみて同居できない事情を持つ者が少なからずみられる。

　以上のように，家族の条件は，老人病院の方はデーター不足から正確に捉え

ることが難しいが、同居、別居あわせて子どもがいないのは、1％だけであり、特養老人ホームは14％である。この二つのパーセントの数値を比べると特養老人ホームの方が子どものいないものがはるかに多いのであるが、特養でも14％と比較的小さい割合でしかないのである。したがって、基本的な違いとはいえないし、両者とも子どもが無いことのみが病院や施設を利用する主要な理由とはいえない。確かに、同居の家族構成の家族の条件は、両者とも高齢者を含む世帯の平均的な家族の条件よりは悪いといえる。しかし、子どもの有無の条件とも合わせ考えるならば、家族的条件は相対的なものであって、絶対的困難とはいえないようにみえるのである。

2．特別養護老人ホーム入所者の特徴

1）家族内の特別な事情

特養老人ホーム入所者については、より詳しいデーターが得られたので、同居世帯員と家庭内の特別な事情を一覧表にしてみた。表5－9の通りである。世帯の家族構成別に分類して、家族内の特別な事情と老人本人の問題行動や寝たきりなど、重度の要介護状態であるものに〇印をつけている。

世帯類型別に、入所以前に、単身であった者以外の、夫婦、既婚子と同居、および未婚子と同居だったものの家族の特別事情をみると、当該老人以外の者の中に病気や障害を抱えるものが殆どであることがわかる。しかも、老人は重度の問題行動や寝たきりの者である。このような状態になって、特養ホームに入所できている。なかには、家族が就労しているためという単純な理由のケースもあるが、表にみられるように、それは稀なケースであり、家族の就労を理由とする者は、ほとんどが未婚の男子で仕事をしている場合である。老人病院の家族の事情はおそらくこれほどではないかもしれない。特養老人ホームをみるかぎり、入所ケースの特徴は、極度の複数の困難を家族ぐるみで抱えているもの、つまり多問題世帯であることが特徴として指摘できる点である。したがって、既婚子と同居していたとしても実質的に介護できる条件を備えてはいな

表 5 — 9 （その 1） 特別養護老人ホーム入所時の家族の状況と身体状況（男）

	同居世帯員および特別事情	痴呆のある者	問題行動のある者	歩行全介助
1 単身	なし			
	なし			
	なし	○	○	
	なし			
	なし			
	なし			○
	なし	○	○	
	なし			
	なし			
2 夫婦	妻86歳，病弱，介護疲れ	○		○
	妻82歳	○	○	○
	内妻	○	○	
	妻72歳入院			
	妻79歳入院中	○	○	
	妻72歳	○	○	
3 既婚子と同居	長男＋長男妻	○	○	○
	妻76歳肺炎＋長女＋長女の夫，農業	○	○	○
	三女パート＋三女夫	○	○	○
	長女病弱＋長女の夫			○
	次男＋次男妻			○
4 未婚子と同居	長女＋次女，ともに就労			
	妻69歳うつ病＋長男シンナー中毒			
	妻82歳入院＋長男			
	妻68歳＋三男身障1級	○		○
	妻特養入所中＋長男			
	妻73歳＋長女精神病入院中			
	妻74歳＋長男	○	○	
	次男，中度障害			○
5 その他	義姉＋甥＋甥の妻			

い。困難度のより高いものに入所の高い優先順位をつけるとするならば，現在の特養老人ホームの措置数ではこのように多問題世帯の老人が入所者であると

第5章 老人病院，特別養護老人ホームにみる介護の社会化　173

表5-9（その2）　特別養護老人ホーム入所時の家族の状況と身体状況（女）

	同居世帯員および特別事情	痴呆のある者	問題行動のある者	歩行介助	全助
1 単身	なし				
	なし			○	
	なし	○	○		
	なし			○	
	なし	○	○		
	なし				
	なし				
	なし	○	○		
	なし				
	なし	○	○		
	なし	○	○	○	
	なし	○	○		
	なし			○	
	なし	○	○		
	なし	○	○		
	なし	○			
2 夫婦	夫老人ホーム入所	○	○		
	夫，79歳			○	
	夫，69歳，高血圧，心不全	○	○	○	
	夫，82歳	○	○	○	
	夫，67歳，障害あり			○	
	夫，76歳病弱			○	
	夫，79歳				
	夫，72歳，喘息，入院中	○	○	○	
3 既婚子と同居	長女＋長女夫入院中	○	○		
	長男＋妻パート	○	○		
	長男＋長男妻	○	○	○	
	長男＋長男妻，長男妻の母介護中	○	○		
	五男＋五男妻	○			
	長女＋長女夫入院中	○	○		
	長男＋長男妻	○		○	
	長男＋長男妻胃炎				
	三男＋妻保険外交員	○	○		
	長男＋長男妻，レストラン経営				
	長男＋長男妻妊娠5カ月	○		○	

	同居世帯員および特別事情	痴呆のある者	問題行動のある者	歩行介助	全助
3 既婚子と同居	長男＋妻，妻の疲労	○	○		
	長女＋長女夫，自営	○	○		
	次男＋次男妻	○	○		
	次男＋次男妻	○		○	
	長男＋長男妻バセドーシ病通院中	○	○		
	長男＋長男妻	○	○	○	
	次男＋次男妻	○	○		
	長男＋長男妻，夫配送，妻清掃	○	○		
	長男＋長男妻	○	○		
	長男＋長男妻	○	○	○	
	三女パート＋夫	○	○		
	三男＋三男妻，三男月収10万円	○	○		
	六男＋六男妻，六男失業，子供入院	○	○	○	
	三男＋三男妻，三男単身赴任	○	○		
	長男＋長男妻	○	○	○	
	長女＋長女の夫，長女通院中		○		
	次男＋次男妻，孫難病	○	○		
	長男＋長男妻，土建自営	○	○		
4 未婚子と同居	次女	○	○	○	
	養子，精神病入院				
	長男身障，精薄5級	○	○		
	長男				
	長男	○	○	○	
	夫73歳＋次男	○	○		
	三男	○		○	
	長男				
5 その他	長男，長男の妻離婚			○	
	長女，長女の子障害2級	○	○		
	夫＋養子老人に無関心	○	○	○	
	長女＋長女の子	○	○		
	養女＋夫，プレス自営	○	○		
	次女＋次女の長女	○	○		
	長男＋長男の妻が実家に帰る				
	養女＋夫，養女パート				

表5－10　入所以前における公的サービスの利用

		ヘルパー	短期入所	保健婦	入　浴	小　計	利用なし
老単身	男	1	1	0	0	2	6
	女	8	2	1	0	11	7
	計	9	3	1	0	13	13
老夫婦	男	2	4	0	0	6	2
	女	2	2	0	0	4	4
	計	4	6	0	0	10	6
既婚子と同居	男	0	1	0	0	1	4
	女	0	14	2	1	17	13
	計	0	15	2	1	18	17
未婚子と同居	男	1	1	0	0	2	7
	女	1	1	1	1	4	5
	計	2	2	1	1	6	12
その他	男	0	0	0	0	0	1
	女	0	1	2	0	3	4
	計	0	1	2	0	3	5
合　計	男	4	7	0	0	11	19
	女	11	20	6	2	39	35
	計	15	27	6	2	50	54

いうことである。習志野市では，入所前に，ヘルパー派遣，ショートステイ，デイサービス等のサービス提供がこれらのケースに重点的に行われていること，各世帯の困難度がよく把握されていることを付記しておきたい。

　ちなみに，老人福祉施策の利用状況は表5－10のようである。入所時に種々の困難を抱えている状況にあった者であるが，どの施策も利用していなかったものが98ケース中54ケースである。もっとも在宅から施設へ直接入所するとは限らない。在宅からの者は44ケースで，病院や養護老人ホームからのものが55ケースである。これらの施策は在宅からの者が利用していたので，それを分母にすると44ケース中44ケースということで全数に対して何らかの在宅サービスが提供されていたことになる。

　さらに，表によると，世帯類型により利用されていた施策に違いがあること

表5—11 老人の年収

	男	女	計	基礎調査75歳以上(%)
0円	2	0	2	23.6
1～60万円未満	10	35	45	
60～120万円未満	7	15	22	21.0
120～180万円未満	7	7	14	18.2
180～240万円未満	2	7	9	8.4
240万円以上	1	4	5	28.8
不明	0	1	1	—
合　計	29	69	98	100.0

注）年収は夫婦合算した金額

がわかる。単身や夫婦のみ世帯は，ホームヘルパーを主として利用し，既婚子と同居であった者はショートステイや保健婦相談，訪問などである。ホームヘルパーが高齢者のみ世帯に対応していたとはいえ，ほとんどのケースが週1～2回であり，これは，制度としてのきまりであるから仕方がないが，上述したADLのレベルに対しては，あまりにも回数が少なく在宅での生活を支えるには不十分であったであろうと推測される。

2）経済的生活条件

加えて，特養老人ホームの入所者について，経済的生活条件のいくつかの側面を捉えることにしたい。第一に，老人（配偶者の分も含む）の収入は，年収で示しているが表5—11のようである。60万円未満，つまり月当たりでいえば5万円未満ということであるが，98ケース中47ケースで5割を占める。240万円以上，つまり月当たり20万円以上のものも5ケースみられるが，習志野市の高齢者の全体を表す基礎調査の75歳以上の結果と比べるならば，特養老人ホーム入所者は，低所得の者が際だって多く高所得の者は少ないといえる。特養老人ホームの入所には所得額の制限はないのだが，実際の利用者となるとこのように低所得者の比重が高いのが実態である。収入の種類は，1ケースだけ夫婦世帯の妻が入所しているケースで夫の稼働収入があるケースがあったが，他のケ

表 5-12　特別養護老人ホーム入所者の社会階層

	男	女	計	基礎調査
1．経営者，小経営者	0	2	2	3.6
2．自営業主	2	5	7	28.3
3．俸給生活者，大，専門的	3	6	9	25.2
4．俸給生活者，中小	1	0	1	11.3
5．労働者，大	2	6	8	9.2
6．労働者，中	3	2	5	7.1
7．労働者小，販売，サービス労働者	11	17	28	8.2
8．単純労働者	5	19	24	2.5
9．無業	1	5	6	1.2
不　明	1	7	8	3.4
合　計	29	69	98	100.0

ースはすべて公的年金および恩給による収入のみしかなく，稼働収入や不動産収入などがある者はない。

　次に，上記の年金額を規定することにもなる退職前の社会階層をみることにしたい。表5-12の通りである。社会階層分類は，調査の客体数が少ないので8分類に大きく括り示している。同時に1から8への順序は，上位から下位への階層序列でもある。退職前の職業というのは，ケース台帳からの写しであり調査して収集したデーターではないので厳密ではないが，退職直前職というよりは最長職の意味合いでとらえられている。また，女子については，結婚歴があり，それなりの期間の結婚生活がある場合は夫の階層で分類している。表には，基礎調査の結果も比較材料として示しているが，それと比較して特養老人ホーム入所者の社会階層が基礎調査の傾向とはかなり異なることがみてとれよう。習志野市の高齢者の特徴を俸給生活者を中心とした中流層と前記したが，特養老人ホーム入所者の場合は，不安定低所得階層であるところの「7労働者小，販売，サービス労働者」と「8単純労働者」が，28ケースと24ケースで計52ケースである。不明ケースを除いて割合をみると，90ケース中52ケースで，6割弱となる。特養老人ホーム入所者は，相対的により低位の階層の者からな

表 5―13（その 1） 社会階層別職種名一覧（男）

社 会 階 層	職 種 名
2．自営業主	写真店経営 農業
3．俸給生活者（大規模，専門職）	電電公社 印刷 軍人後，製薬会社社員
4．俸給生活者（中小規模）	Ａ工大機械室勤務
5．生産労働者（大規模）	大手会社の運転手 大手の精機会社
6．生産労働者（中規模）	ゴム成形工員， ヨード製造会社 機械工場
7．生産労働者小規模，販売，サービス労働者	戦前貿易商，戦後は建材店で働く 帝国警備保障，以前は時計部品製造自営 新聞販売店住み込み店員 大工 プレス工 工員 給食調理員 会社勤め転々 鉄鋼所工員 菓子職人 大工
8．単純労働者	旭ガラス臨時工 木工作業員 工務店日雇い 雑役 屋台ラーメン
9．無業	なし
10．その他	不明

るといえる。

　社会階層の職業名の内容を具体的に理解できるように，一覧表として示しておくことにしたい。表 5―13（その 1）と 5―13（その 2）の通りである。

　第三に，住宅の状況を示すと，表 5―14の通りである。自宅つまり持家は98

第5章 老人病院，特別養護老人ホームにみる介護の社会化

表5—13（その2） 社会階層別職種名一覧（女）

社 会 階 層	職 種 名
1．経営者	母子寮寮長 夫—プレス工場経営
2．自営業者	農業，漁業 農業 夫—僧侶 陶器店経営 夫—画家
3．俸給生活者（大規模，専門職）	夫—教員 信用金庫 夫—機械工場 夫—国立病院職員 夫—電電公社 夫—大手商社勤務
5．生産労働者（大規模）	無職 郵便局員 夫—国家公務員， 夫—国鉄職員 鉄工所工員 大学の用務員
6．生産労働者（中規模）	夫—郵便局 夫—会社員
7．生産労働者(小規模)，販売，サービス労働者	鉄工所，清掃事務所 夫—タクシー運転手 夫—問屋に勤務 材木商店員 貴金属ケース加工 お茶，お花の教授 玩具小売業，夫—パン製造業 夫—自転車預所経営 夫—造花業 夫—理容師，会社内，本人—夫死後清掃婦 夫—酒の製造会社 飲食店経営 夫—雑貨商 夫—現在は社会保険労務士 夫—青果卸商勤務，本人は50歳まで食堂関係 缶詰工場 夫—印刷会社勤務
8．単純労働者	夫—荷役労務者 寺の掃除 清掃用務員 掃除婦，お手伝い 夫—貨客定期船運転手，戦後は農業，行商 野菜の行商 病院の調理員 あさり採り 清掃婦 夫—木材関係の仕事を転々 賄い婦 家政婦 夫—昭和45年まで日雇，建設，現在けがのため無 給食婦，家事手伝い 行商，土工 掃除婦 下宿業，夫—土木現場監督 皿洗い，清掃 旅館の仲居
9．無業	なし 夫—通産省燃料研究所 自宅2階を貸していた 無職 夫—A県，県庁職員
10．その他	不明 本人—なし，夫—不明 不明 不明 不明 不明 本人，夫ともに不明

表5—14 住宅の所有形態

		自宅	借家, 借間	なし	計
老単身	男	1(1)	6	2	9
	女	5(3)	9	2	16
	計	6(4)	15	4	25
老夫婦	男	1(1)	5	0	6
	女	2(2)	6	0	8
	計	3(3)	11	0	14
既婚子と同居	男	4(3)	1	0	5
	女	23(9)	6	0	29
	計	27(12)	7	0	34
未婚子と同居	男	4(2)	4	0	8
	女	3(2)	5	0	8
	計	7(4)	9	0	16
その他	男	0	0	1	1
	女	5(2)	3	0	8
	計	5(2)	3	1	9
合計	男	10(7)	16	3	29
	女	38(18)	29	2	69
	計	48(25)	45	5	98

注) 自宅 ( ) 内は老人本人または配偶者名義

ケース中48ケースである。ほぼ半数が持家であるが，老人本人または配偶者の持家である者は25ケースでしかない。持家率の高さと敷地面積等の余裕がある点が習志野市の平均的特徴であったが，特養老人ホーム入所者の場合は，自分名義の持家の者は4分の1である。住宅の点でも条件の悪いものが多いということである。加えて，住宅なしというケースが5ケースみられることに注目したい。それは，病院や養護老人ホームから直接入所したものである。入院している間に，家を賃借していた場合，それは自分の住居ではなくなり，ホームレスとなってしまう。

3）特別養護老人ホーム入所者の生活条件

最後にまとめとして，以上の生活条件を総合し，一つの表にして示すことに

表5－15　特別養護老人ホーム入所者の生活条件

自宅＼年収	180万円以上			96～179万円			95万円以下			合　計		
	同居	別居	計	同居	別居	計	同居	別居	計	同居	別居	合計
自分持家	2	3	5	5	1	6	11	3	14	18	7	25
子供持家	4	0	4	4	0	4	12	2	14	20	2	22
借家，借間	1	3	4	4	7	11	16	15	31	21	25	46
なし	0	0	0	0	0	0	0	5	5	0	5	5
計	7	6	13	13	8	21	39	25	64	59	39	98
基礎調査75歳以上(%) 自分持家	7.7	4.8	12.5	8.5	3.0	11.5	14.8	3.8	18.6	31.0	11.6	42.6
子供持家	3.1	0.5	3.6	5.5	0.6	6.2	29.6	0.7	30.3	38.2	1.8	40.0
借家，借間	0.7	2.4	3.1	1.1	1.4	2.4	6.6	5.2	11.8	8.4	9.0	17.4
なし	0	0	0	0	0	0	0	0	0	0	0	0
計	11.5	7.7	19.2	15.1	5.0	20.1	51.0	9.7	60.7	77.6	22.4	100.0

したい。それは表5－15の通りである。比較のために基礎調査の75歳以上について下にあげている。これは，入所判定のためのケースワーカーによる調査であるので，入所直前の状況ということになる。

さて，特養老人ホーム入所者と，基礎調査の結果とを大きく比べると，老人本人（配偶者を含む）の年収が95万円以下が6割を占め，同居率が，合計欄でみられるように両者とも高いという点で変わりはない。もっとも特養老人ホームが64ケース，65％であるのに対して，基礎調査は77％とさらに高いのであるが。また，特養老人ホーム入所者では，同居の子どもが既婚子である割合が低かったが。[1]

一体，何が生活条件に関する両者の大きな違いかということであるが，表から持家率の違いを指摘できよう。特養老人ホーム入所者は，持家は47ケースで48％である。それに対して基礎調査の方は82％である。それは主に別居のものの持家率が39ケース中9ケース，23％と低いことの影響によるといえる。基礎調査でも別居，つまり老人のみ世帯は持家である者は半数でしかなかったが，別居の者の割合が小さいので全体への影響が小さくしか出ず，基礎調査の平均

持家率は上記のように高い値であった。

　さらに加えて，注目されるのは，同居のものの持家率の低さである。借家・借間であるものが，基礎調査では8.4％であるのにたいして，特養老人ホーム入所者は59ケース中21ケースで，36％である。借家・借間でありながら同居していたというところに，しかも，老人の収入は95万円以下の者がほとんどであり，子どもとの同居に経済的な負荷が大きく無理があったといえる。

　このような生活条件の上に，表5—9について述べた特殊事情が加重されているということである。在宅生活の維持が特に困難であることは容易に理解できるところである。

注)
1)　年収のうち，年金以外の種類の収入があったのは，1ケースだけである。基礎調査の年収も年金についてだけの金額である。

終　章　都市高齢者生活の特徴と介護ニードについて

　以上，四つの調査として実施した高齢者の生活実態に関する調査結果を，あらためてまとめる作業をした。おわりにあたって述べなければならないことは，この調査から得られた都市高齢者の生活条件に関する考察と，はじめに述べた研究動機に関して得られた示唆であろう。

　都市高齢者の生活の特徴に関しては，これまで述べてきたことから明らかにされたと考える。生活実態に関する実証的研究に際して特定の切り口に限定しないで，できるだけ柔軟に全体的に捉えたいとはじめに述べたが，以上の分析結果は「事実」に着目し，「事実」が指し示す方向に沿って高齢者の生活実態とその生活条件について捉えたものである。筆者が志向する社会調査はSocial Surveyである。江口英一によると社会調査Social Surveyとは「貧困な人々の状態について様々な印象を客観的な証拠に置き換える手続き」であり「原因と状態の間の諸関係の分析であり」「改善の方法を見つけていくこと」というようにイギリスの社会学者カラドック・ジョーンズによりながら江口の著書『現代の「低所得層」』の序文で述べられている。筆者は社会調査を繰り返す過程を通して，「事実」とは諸関係であり，したがって「事実」には指し示す方向があり，それに沿って捉えることが「客観的な証拠に置換える手続き」，つまり，方法であると考えるに至っている。

　本研究は，1980年代の後半の調査に基づいている。序章において述べたように，社会福祉サービスの重要性が指摘されはじめたのは1970年代のはじめであるが，70年代半ば頃からは老人福祉分野におけるサービスの必要性についての議論が盛んになった。高齢者人口の比率が高まり，1970年に7％をこえて「高齢化社会」となり，95年には14％をこえて「高齢社会」に，2020年には高齢者人口はピークとなって4人に1人が高齢者という社会になると推計され，わが国における高齢化のスピードの早さから，それへの社会保障・社会福祉におけ

る対応の必要が1981年以降の行政改革ともあいまって指摘された。社会福祉改革は、しかしながら内発的というよりは、社会的入院の増大から、つまり医療のサイドから提起されたといえる。社会福祉政策としては、1986年の「長寿社会対策大綱」の閣議決定を端緒に、1989年に「高齢者保健福祉十か年戦略」が策定されて、いわゆる「ゴールド・プラン」としてイメージが描かれ、1990年には「老人福祉法等（社会福祉関係八法）の一部を改正する法律」が成立し、1997年に「介護保険法」が成立し2000年4月から実施されることとなった。筆者が調査を実施した1980年代後半の時期は、老人福祉の施策をめぐって激しく状況が変化していた時であり、「福祉改革」が強力にすすめられていた最中である。その間にあって、「非貨幣的ニード」は高度で多様な性格のものであることから、一部の低所得層のための「社会福祉」ではなく国民一般を対象とした「福祉」へ、したがって、供給主体は公的である必要は必ずしもなく、供給主体の多元化と自由化を組みこみ、介護保険をも容認する「新しい社会システム」を作り上げることが目指されるべきとする議論が社会福祉学会の主流となったといえる。その中にあって実際の高齢者の生活状況はどうなのか、どのような生活条件の中にあるのかを、中流層の厚い都市である習志野市という地域で包括的に捉えることを試みたのである。それはより生活困難である者から、金銭給付のみならずサービス給付も含めて保障する「社会福祉」の視点から検討したかったからである。

　生活の単位としての世帯、その構成員である家族に高齢者問題の場合、特に注目する必要があるということは、あらかじめ考えていたことである。しかし、これほどまでに家族という要素が現在の高齢者の介護を含めた生活にとって重要性をもつとは予想していなかったことである。高齢者の生活は、強く家族に依存しており、現状としては家族を除外した「自立した」高齢者の生活は一般的にはあり得ないといえる。しかし、親族を含めた家族の大きさ、家族の内部的・外部的関係は確実に変化してきている。その中で、なお家族を頼りとし、

終　章　都市高齢者生活の特徴と介護ニードについて　185

ほとんどの場合，家族の中で，誰や彼やに，そして特に高齢者本人に無理や我慢を強いながら，したがって，内部の葛藤は相当なものと想像されるが，ともかくも折り合いをつけている。だから，一見するだけではわかりにくいし，特段の問題はないようにもみえるのである。

　簡単に要点を述べるならば，第1に，第2章において，経済面における子供世帯との未分化状態，つまり扶養の必要と子供家計への統合について指摘し，さらに，生活条件の格差に関する実態を示した。高齢者の基本的といえる生活条件は，年金，同居，持家であり，個々の高齢者の生活のあり方はそれらいかんに個別に規定されている。生活条件としてもっとも多いのは老人世代の収入の少なさを同居でカバーしている形であった。そのため上記した未分化状態になる。その形のものがもっとも多いことが政策のあり方を考える上で基本となる重要な点であると考える。このことを調査結果として特に強調したい。

　第3章では，同居に着目し，その諸側面について明らかにした。世帯類型では「高齢単身＋既婚子」が突出して多く，加齢もしくはＡＤＬの低下につれてその世帯類型のものが増加する。清水浩昭がいう「晩年型同居」と同じ内容であるが，習志野市ではより高年齢層の者ほど時代的にいって同居を継続する事が出来たということと，高年齢となって地方から転入してくる者が加わることの結果である。一般に，高齢者率が高い過疎地では単身者の割合が高いといわれている。同居したくとも受け皿となる子供世帯が同じ地域に居住していない。それに対して習志野市では，同居の条件があることで自立できるだけの経済条件に欠ける者でも，在宅生活をともあれ維持していきやすい。既婚子との同居だけでなく，その他いろいろな世帯類型の中にも高齢者は含まれていることを指摘し，十分な条件がなくとも同居せざるを得ないことの意味について考察し述べた。

　また，「高齢者のみ」の中の「高齢単身のみ」は各年齢階級において常に1割であり，より高い高年齢層になり配偶者が死亡しても増加しないことを指摘した。同居へ移行するからである。同居でなければ，介護だけではなく総体とし

ての生活が成り立たないのである。とすれば，同居へ移行するしかないことを指摘した。このことが日本の都市高齢者の特徴といえる点である。そのように，十分な生活条件といえなくとも，同居という形で高齢者の生活問題がカバーされ，その結果として覆い隠されていることがこの調査からわかったことである。

とはいえ，もう一つの面として，後期高齢期になっても単身世帯であるものが1割は残り続けることを，同居できない者，つまり同居条件のない者として捉える必要があることを指摘したい。いわば，「窮迫的」自立である。そのような事情のものは身体状況が不自由になれば特別養護老人ホームへ入所するしかないだろう。

第2に，要介護者の問題についてであるが，在宅の寝たきり老人も，特養老人ホームの入所者も，老人病院，老人保健施設の入院者も，皆同じような様子をしており，違いはないといわれることをしばしば耳にする。実際に，老人本人の外見は違いなくみえるかもしれない。だが，最低レベルの状態として変わりなくみえるのは，痴呆とADL段階の身体的共通性のためではなく，在宅でも，老人病院でも，特養ホームでも介護に関しては多くの場合消極的であり，放任主義であることの結果であるといえる。介護が同じように不十分であるから，同じようにとらえどころのない頼りなげな顔つきの老人たちとなる。要介護老人とは，皆そのような者だと考えるか，どこでも同じように不十分な介護しか行われないのでそうなると理解するかで政策課題の捉え方は違ってこよう。

この調査を通してわかったことは，一般にもっとも好ましいとされるところの家族に依存する「在宅」生活が，ともすると要介護者を作り出すメカニズムとなりがちであることと，不十分な生活条件に規定されるところの不十分な介護の実態である。在宅介護が第1で指摘した不十分な生活条件の下で行われていることに注目する必要を強調したい。だから，家族にとっては，負担と強いられている犠牲は，小さくないのである。以上が，第4章で明らかにした在宅

終　章　都市高齢者生活の特徴と介護ニードについて　187

介護に関する実態である。

　第3に，在宅から外に出た老人はどうか。特養老人ホームの入所者をみれば，第5章で明らかなように，入所前の家族構成そのものは子供との同居世帯が6割もあった。しかし，同居世帯員に身体的，精神的，経済的に問題をもつ者が多く，いわゆる多問題家族が多くみられた。つまり，それらのために老人を含みこんだ未分化状態を維持できない世帯ということができる。在宅の老人の平均的生活条件と種々の点で隔たっており，その差はかなり大きいといえる。「絶対的貧困」という言葉があるが，それにならって「絶対的窮状」とも表現できる状態である。そのようなケースにおいて，もとの世帯から引き離して特別養護老人ホームへの入所措置となっている。それは筆者がシェマとして示した「家族崩壊」であり単身化して入所となる。このように未分化状態と「絶対的窮状」とが相互に関連しあっていることを指摘しておきたい。

　第4に，何度も繰り返し指摘したように在宅の平均的状態も決して満足できる状態とはいえないのだが，それでも両者の生活条件の間の格差は大きいといえる。
　「普通」あるいは「平均的」である生活状態と特養老人ホーム入所者の状況までの間に生活状態の格差があり，その間に階層性があることは指摘できることである。いわれるように，顔つきやオムツをしての寝たきりの状態は外見的にはおおむね同じかもしれないとしても，第2章で述べた生活条件の格差を含め，それらの生活諸条件に規定される生活の総体をとらえたならば，より良い生活条件の下にある者とより劣悪な状態に置かれた者とがあり，高齢者の生活状態の格差と階層性の存在を指摘できる。そして，老人病院も，その生活階層のどこかに位置づくであろうと考えられるが，家族の状況が入院前において既婚子との同居者が特別養護老人ホーム入所と同様3割でしかないこと，老人のみ世帯は2割と特別養護老人ホーム入所者の4割と比べて小さいことからして，

特別養護老人ホームよりは上ではあるだろうが，全体の中では下位の方に位置づくであろうと推測できる。ちなみに，基礎調査による「寝たきり」では7割が既婚子と同居であった。われわれの調査では老人病院についてはデータが限られており，老人病院入院者のその他の経済的社会的背景については十分明らかにできなかった。

ともあれ，全体として経済的な生活条件の違い，つまり階層性があることを明示する事ができたと考える。そして生活の総体としての階層性の存在も介護問題まで含めて，不十分ながら示すことができたと考える。

繰り返しになるが，そのように生活総体において階層性があるとしたら，ミニマムの確保を念頭に置いた施策が必要になろう。現状としての老人病院や特別養護老人ホームは，さらに，おそらく，そこに至る以前の状況まで含めてミニマムが確保されているとはいえまい。老人病院入院者について指摘できることは，家族の条件がより不十分な者の場合に，在宅で介護できなくなる限界点が早めにやってきているということである。

第5に，以上の状況は，日本の中で相対的にかなり恵まれているといえる一自治体における高齢者の実態である。依存できる家族があり，持家があり，同居できている者が多いが，それは，今日では恵まれているといえる条件であり，多分，それらは他人に誇示できることなのである。今日，高齢者生活の分化，自立化は第2章でふれたように芽生えてきている。経済面での自立化が夫婦健在である類型において進んできているように，条件さえあれば自立化は進むであろう。また，今後，意識の面では自立化は急速に進むかもしれない。しかし，それに伴う諸条件が確保されず，家族に依存しなければならないとすると，家族内の関係の軋轢は，さらに大きくなることだろう。だが，総じていえば，経済生活と介護の両面において調査時点において未分化の状態にあるというのが以上の調査分析からの結論である。本当に分化・自立化するためには，住宅と医療保障を前提とし，家族に依存しなくとも良いだけの十分な年金と家事援助

終　章　都市高齢者生活の特徴と介護ニードについて　189

サービス，それから介護サービスの制度の確立が条件としてなければならない。なかでも家事援助がなければ高齢者のみの老後生活は維持できない。そうでなければ，家族への依存は変わらないか，介護保険が実施された後の特徴的現象としてみられるように，入所費用を負担できる程度の経済的条件があれば，家族による特別養護老人ホーム入所への強い志向となるだろう。現実は，本来は老人本人のニードであるはずの福祉ニードが，家族のニードとして現れるからである。

　第6に新ゴールドプランおよび介護保険の導入により1980年代に捉えた家族依存という老後生活の基本的あり方がどう変容するかである。1990年代において筆者はいくつかの高齢者調査に参加し，習志野市を中心に自治体のWAC事業計画，老人保健福祉計画づくりに委員として関わった。国の施策の方向は，施設よりも在宅サービスの強化にあるといわれている。いわゆる在宅サービスの3本柱であるデイケア，ショートステイ，ホームヘルパー派遣事業のうちアクセントがおかれているのは前二者であり，これらは家族同居を前提とした施策である。家族依存からの脱却のためにはホームヘルパー派遣事業が単身者世帯の地域での老後生活を最後まで支えうる程の量と内容，組織であるかどうかが重要な点であろう。加えて，収入が高齢者のみ世帯の生活を維持できるかである。

　一つのデータを示しておきたい。習志野市に隣接する八千代市において，1996年に課税台帳と住民票を結びつけた世帯単位の収入を保護基準と比較する作業をした。その結果，65歳以上の単身世帯では保護基準以下の収入の者が69.6％を占めた。「窮迫的自立」の者は多いといえる。[1]

　第7に，以上をふまえて，三浦文夫が「貨幣的ニード」と「非貨幣的ニード」に分離したことについて言及したい。上記してきたように現実の生活の未分化状態を指摘してきたが，そのことから，直ちに貨幣的，非貨幣的ニードの二分

化を批判するわけにはいかないだろう。なぜなら三浦も実態としての未分化状態は承知しながら，社会福祉経営論の次元における提言として，つまり，『社会福祉政策研究』(1987)によれば「ニードの充足形態・方法との関連による分類」ということで示しているのであり，それにより分化，独立させた「非貨幣的ニード」の重要性を述べていると思われるからである。[2)]

　三浦は，社会保障にたいする社会福祉の関係について『社会福祉政策研究－社会福祉経営論ノート』(1985)において次の三つの関係をあげている。第1は代替として，第2はリハビリや雇用政策など追加として，第3は補足としてで，十分な金銭給付があっても，現物ないし非貨幣的サービスは必要であり，それは選別的でなく一般的なものとされている。[3)]ゆえに，第3の補足としての社会福祉の構築を主張しているのである。つまり，貨幣的ニードへの「補足」として非貨幣的ニード＝サービスが性質別分類として位置づけられているのであり，通常用いられる意味での社会保険に対する「補足」としての公的扶助，つまりSupplementary Benefitといった1966年の英国の社会保障省法のような補足の内容とは異なる理解で捉えられているのである。だから，性質別分類であるから「貨幣的ニード」のない者にも「非貨幣的ニード」がみとめられるのである。また，「貨幣的ニード」と「非貨幣的ニード」は分離でき，「非貨幣的ニード」を経済的側面に規定されないニードとすることができるのである。

　三浦は日本の現在の，すくなくとも介護保険以前の社会福祉行政の性格を代替的と捉えているが，筆者も同じ考えである。日本の社会福祉は，孝橋正一がいうところの「代替性」と「補完性」のうち，「代替性」の方がより適切な性格規定だと筆者もかねてから考えてきた。諸種の社会保険の体系および住宅政策等の一般的生活政策が社会の底辺までふくめてナショナル・ミニマムを普遍的に保障しきれていないために，生活保護を中心にした社会福祉の政策が，金銭給付のみならず，医療，住宅，教育，対個人サービスまで含む総合的な内容のものとならざるをえないのである。それは正に「代替」であるとしかいいよう

がない。

　このような「代替」としての公的扶助・社会福祉は，三浦によれば「救貧的選別主義」であり，そのため内容が「貧しい」ものになるとされ，否定的に捉えられる。昭和22年の児童福祉法，昭和38年の老人福祉法は，やや広がったものの，「一般的選別主義」といえる程度のもので，まだ選別主義を脱してはいないという。好ましいのは，「普遍主義的社会福祉体系」で，そのような福祉体系のもとでは，「老人能力の維持あるいは潜在能力の開発を図るという，より積極的なものに転換を遂げることは明らか」とし，「ニードが生じた場合に誰もが必要な施設，サービスの利用を図るという普遍主義的体系の確立が高齢化社会に向けて今改めて課題となってきているのである」(傍点三浦)と展望されているのである。

　好ましい課題とされる「普遍主義的社会福祉体系」に異論があろうはずがないが，三浦の議論は，要するに身体的依存性に起因するニードとしての一般性を，家族機能の一般的低下を理由として，制度としての普遍性の必要に直接的に結びつけている議論であるといえる。そして，それはサービス施策に限定し，切り離されているのである。

　そこで，問うべきはサービスニードは一般的か，つまり，誰にとっても必要であるには違いないが等しいサービスニードかという点になる。形式論理として二分化するのであれば「非貨幣的ニード」は誰にとっても必要な，つまり等しいニードということになろうが，実際は，サービスニードであっても経済的側面や家族的側面に規定された社会的サービスニードとならざるをえず，それは誰にとっても等しいものではないのである。そのことがこの調査結果をもとに指摘したい点である。

　第1に，介護は家事労働の一環であることを序章において述べた。そしてそれは「小さな共同体」の中の生産的・経済的行為であることを述べた。だから家計が豊かであればサービスを外部から購入することも可能であるが，そうで

なければ家族の中で担うしかない。本書はその実態を述べたものである。医療ニードのように外に求めるしかないものとは本来的に性質が異なると考えざるをえない。介護ニードは老人の身体状況にだけ規定されるのではなく，家族構成や収入，住宅といった経済的要素にも規定されるものである。

　第2に，家族構成も老人単身や老人夫婦といった核家族ばかりではなく，むしろ同居世帯の方が多く，それだけでなく晩年において追加的に同居へと移行していく傾向がみられることを指摘した。さらに，同居の意味は介護の必要によるだけでなく通常の生活の必要も付加されていることを指摘した。

　以上を考えるならば，介護ニードは誰にとっても等しいニードとはいえないことになろう。等しいニードとしては現れないものである。従来の応能負担から介護保険による応益負担への変更が，より所得の低い者の利用抑制として作用していることは指摘されているところである。それは，介護が生活の一要素であるからであり介護だけをニードの面で分離できないからである。分離できるとすれば，それはサービス利用料が無料か軽費，又は負担できる範囲の応能負担で提供される場合であろう。

　したがって，介護保険は，だれでもが保険料を負担し，だから誰でもが権利として利用でき「選択」できる制度，つまり利用の権利としては「普遍主義」といえても，実際の利用においては不均等とならざるを得ない。

　したがって，目下のサービス利用計画状況においては，「在宅」を，つまり日本でのその意味は依然として家族依存を前提としているということであるが，その点が現実にどのように克服されていくかの検証が今後必要であろうと考える。

　医療サービスが普遍化するためには，医療保障制度の確立を必要とした。それと同じ意味において高齢期生活保障の観点から，家事援助サービス，介護サービスの「普遍主義的社会福祉体系」の確立が望まれることは言うまでもない。だがそのためには同時に年金や住宅保障についても老後生活の安定のためには

「普遍主義的社会福祉体系」が並列的に確立されなければならない。老人福祉法は，家事援助サービス，介護サービスを普遍化する内容のものであった。介護保険以前において老人福祉法の下において普遍化が進まなかったのは，普遍化のために必要とするだけの十分な財源が投入されなかったからであり，三浦がいうところの「一般的選別主義」のせいではないと考えるのである。

とはいえ介護保険は，一方でその導入によりサービス利用の量的拡大を実現したといえる。施設づくりや介護機器等開発的側面が急速に進んできておりサービスの質の向上もこの2年間において顕著である。なによりサービス利用に際しての国民の抵抗感を弱め，利用の拡大をもたらしていると評価できる。

だが，量的に拡大方向にあるということと，普遍主義の確立とは区別する必要があるであろう。介護ニードの階層性への配慮を組み込んでいない介護保険給付制度は，それから除外される者をつくりだすことは必定である。介護保険料や利用料の負担の問題だけではなく，日本の介護保険の制度において提供システムとして市場システムを大幅に取り入れていること，およびその取り入れ方に問題があり，社会福祉を必要とする者の特性に合致しないものである。寝たきりや痴呆になっている老人本人がどのようにしてアクセスし，サービスを「選択」できるのだろうか。家族や知人が代行することもできようが，その代行者が利用するかどうかの決定を含めて老人本位の選択をするとは限らない。介護保険はアクセスについての公的責任が曖昧な制度である。サービス必要の緊急度の高い者，それは同時に経済的困難も抱えている場合があるが，そのような者を発見し対処する責任を，介護保険以前は自治体の老人福祉課の通称ケースワーカーが負っていた。そのような公的責任体制と専門性が希薄になった介護保険制度では，必要とする者が制度から漏れ，そして潜在化していくことになりかねない。 三浦は「普遍主義的社会福祉体系」を主張したのであって，直接的に介護保険を主張したのではないかもしれない。しかし，サービスニードを生活問題の次元から分離して，社会福祉経営論としてもっぱら供給システムの次元の議論へ浮上させたことで，介護保険の導入が容易になったと考えられ

るのである。

　介護保険の導入に当たり，低所得層に対しては生活保護の介護扶助で対応することになった。それはいうまでもなく普遍主義に反するものであるし，生活保護法から分離してより普遍的性格のものとしてつくられたはずの昭和38年の老人福祉法を，生活保護を受給せざるをえないほどに貧困な者に関してはまた生活保護法に押し戻すこととなった。それは歴史の逆行だろう。また，厳格な生活保護を受給できるほど貧困ではない低所得層は層厚く存在するが，たとえ生活条件の諸側面が不十分で困難な状況に陥っていても，費用負担の困難と生活の未分化のため制度利用から遠ざけられるだろう。したがって制度利用においては，「誰でも」といえる普遍主義ではなく，実際は不均等とならざるをえないと考えるのである。

注）
1）　『八千代市子どもにやさしいまちづくりプラン』八千代市，平成11年3月，p.69
2）　三浦文夫『増補改訂　社会福祉政策研究』全国社会福祉協議会，1987年，p.65
3）　同上書，p.30
4）　三浦文夫『社会福祉政策研究―社会福祉経営論ノート』全国社会福祉協議会，1985年，p.202

あ と が き

　本書は，1997年に淑徳大学社会学部研究叢書『都市高齢者の実態』として刊行したものに，主に序章と終章を加筆して，日本女子大学大学院人間生活研究科において博士号の審査を受けたものである。主査の任に当っていただいた高木郁郎先生，および副査の田端光美先生はじめ諸先生方には示唆に富むご助言ををいただくことが出来，本書の体裁に仕上げることが出来たことを感謝申し上げたい。博士論文のタイトルは「80年代都市高齢者の生活条件に関する実証研究」である。審査の過程においてもっとも考えることとなったのは，実証研究についてまわる実証研究の固有性であるところの地域的および時代的限定性をいかに理論として普遍性のあるものにするかという課題である。博士号を授与されたこともだが自分の研究方法を客観的に省りみる良い機会となった。高木郁郎先生には大変な労をお取りいただいたことに対して，心からの感謝の言葉を申し上げたい。

　改訂版として再版するに当たり，タイトルは以前通りとし，副題を「N市高齢者の生活条件と介護問題に関する実証的研究」から，一番ヶ瀬康子先生のご教示により「社会福祉学としての考察」に改めた。初版も社会福祉学としての考察を意図するものであり，その意図の下に，高齢者の実態を述べたのであったが，社会福祉学としての考察は不十分であった。その点を補ったのが改訂版であり，筆者の博士論文である「80年代都市高齢者の生活条件に関する実証研究」である。出版事情の厳しい折に，改訂版の出版を快くお引き受けいただいた学文社の田中千津子氏に感謝する次第である。

　80年代という高齢者福祉の転換期における包括的な実証研究である点に本書の意義があると考える。介護保険登場の前提とされている「介護ニーズの一般化，多様化」とは，具体的にどのような内容のものと理解すべきかについて述べたつもりである。種々の高齢者問題が，介護保険により実際にどのように問

題解決できるか，あるいはできないか。80年代の実態の把握は，その後の変化を把握し測定していく上において，ある意味で継続的に観察していくための歴史的基点としての「定点」を提供すると考えるのである。もしも本書がそのような歴史的「定点」としての意義を果たすことができるならば幸いである。

　2003年3月

川上　昌子

参考文献

全国社会福祉協議会『在宅福祉サービスの戦略』1979年
三浦文夫「社会福祉の転換と供給問題－とくにコミュニテイ・ケアとの係わりについて」社会保障研究会編『現代の福祉政策』東京大学出版会, 1975年
三浦文夫『社会福祉政策研究』全国社会福祉協議会　1985年
三浦文夫『増補改訂　社会福祉政策研究』全国社会福祉協議会　1987年
三浦文夫『社会福祉政策研究　福祉政策と福祉改革』全国社会福祉協議会　1995年
三浦文夫監修, 白沢政和, 中西茂編『公的介護保険への経営戦略　21世紀の施設・社協のあり方を求めて』中央法規　1998年
古川孝順「社会福祉の対象」古川孝順, 庄司洋子, 定籐丈弘著『社会福祉論』有斐閣　1993年
古川孝順『社会福祉のパラダイム転換』有斐閣　1997年
河合幸夫「現在社会福祉の対象」河合幸夫, 宮田和明編『社会福祉と主体形成－90年代の理論的課題』法律文化社, 1991年
江口英一「家族構成と生活水準」『講座社会保障第1巻』至誠堂, 1966年
川上昌子「社会福祉と貧困」江口英一編著『社会福祉と貧困』法律文化社, 1981年
川上昌子「B・S・ラウントリーの研究」日本女子大学社会福祉学科紀要『社会福祉』8号, 1961年
川上昌子「Ⅰ　生活保護世帯の推移と実態」日本社会政策学会年報第31集『日本の労使関係の特質』御茶の水書房, 1987年
川上昌子「都市における介護問題の現状」『社会政策叢書』編集委員会編『社会政策叢書第19集　今日の生活と社会保障改革』啓文社, 1995年
川上昌子「コミュニテイケアと公的扶助制度」淑徳大学大学院『淑徳大学大学院共同研究報告書』1995年
Hoton, C. and Berthoud, R., *The Attendance Allowance and the Cost of Caring*, PSI, 1990.
P. タウンゼント著（山室軍平訳）『居宅老人の生活と親族網－戦後東ロンドンにおける実証研究』垣内出版, 1974年
松崎粂太郎『老人福祉論－老後問題と生活実態の実証研究』光生館, 1986年
神奈川県『老齢者生活実態調査報告書』1963年
川崎市『昭和58年川崎市S区における高齢者実態調査』1983年
習志野市『昭和61年老人生活実態調査報告書』1986年
習志野市『昭和63年在宅病弱老人生活実態調査報告書』1988年
東京都社会福祉協議会『家庭内寝たきり老人の実態』1963年

東京都『老人の生活実態』1985年
清山洋子『高齢社会を考える視角』学文社，1995年
鎌田とし子，佐々木明子『老後生活の共同を考える』青木書店，1992年
岩田正美『老後生活費』法律文化社，1990年
清水浩昭『高齢化社会と家族構造の地域性』時潮社，1992年
那須宗一，上子武次編『家族病理の社会学』培風館，1980年
森岡清美『現代家族変動論』ミネルヴァ書房，1996年

著者紹介

川上　昌子（かわかみ　まさこ）
1937年　生まれ
1960年　日本女子大学文学部社会福祉学科卒業
1971年　法政大学社会科学研究科経済学専攻博士課程単位取得退学
2002年　日本女子大学大学院人間生活学研究科，博士号(学術)取得
現　在　淑徳大学社会学部社会福祉学科教授
論文及び著書　「貧困と社会福祉」(江口英一編『社会福祉と貧困』法律文化社，1981年)
　　　　　　「社会構成の変化と貧困の所在」(江口英一編『生活分析から福祉へ』光生館，1987年)
　　　　　　「高消費化と家計構造の均等化について」(共著『現代日本の労働と生活』第一書林，1983年)
　　　　　　「生活保護の推移」(『日本の労使関係の特質』社会政策学会年報第31集)
　　　　　　『公的扶助論』光生館，2002年

都市高齢者の実態〈増補改訂版〉

1997年4月30日　初　　版第1刷発行
2003年4月1日　改訂第1版第1刷発行

　　　　　　著　者　　川　上　昌　子
　　　　　　発行者　　田　中　千津子

〒153-0064　東京都目黒区下目黒3-6-1
発行所　☎ 03(3715)1501　FAX 03(3715)2012　株式会社 学文社
　　　　振替　00130-9-98842

印刷／新灯印刷㈱　　© 2003 KAWAKAMI Masako　Printed in JAPAN
検印省略　　　　　　http://www.gakubunsha.com
ISBN 4-7620-1233-5